JN194968

水泳選手のための
コンディショニング
トレーニング
下半身・応用 編

小泉 圭介 著

はじめに

水泳選手の身体は泳ぎに順応していく

筆者がジュニア選手の担当だった 10 数年前、何人ものコーチが、「反張膝の選手は速くなる」といって、反張膝の選手を探して選手コースにスカウトしていた。また、反張膝になればキックが速くなるといって、膝をギューギューと反らせるように（もはやストレッチの域を超えて）押していたコーチもたくさんいたことを覚えている。

そうしたシーンを見るにつけ、理学療法士として「泳速が速い選手の足首や膝は本当に柔らかいのか？」という疑問を持つようになり、連盟強化合宿での身体測定にて、競泳選手の身体特性の調査を行った。結果としては、小学生のトップ選手であっても特別に関節が柔らかい選手が多いわけではなく、反張膝や足首の柔らかさも大きな数値は示さなかった。

しかし数年後、同じ選手を対象にナショナル合宿で測定した数値を比較したところ、トップ選手の膝は小学生の頃よりもはるかに反張膝になり、足首も非常に柔らかくなっていた。性別の違いによる特性もあるので単純に結論づけられないが、現時点での仮説としては、泳速が速い選手は水を正確につかみ、足の甲でも水をしっかりととらえているため、水圧が毎日関節にかかり続けることから、足首や膝が柔らかく変化するのではないか——と考えている。

水泳に特化することで生じるリスク

　このような調査研究結果は他にも発表されており、いずれも『関節の柔軟性は成長とともに大きくなる』という同様の結果を示している。これらの結果から考えると、足や膝が『柔らかいから速い』というわけではなく、逆に『速いから柔らかくなる』といったほうが正しいのかもしれない。つまり、選手の身体のほうに、競技特性に順応していく能力があるということになる。

　しかし、水中で行う泳動作にとっては好ましい変化が、必ずしも陸上での動作にも好影響を及ぼすわけではないというケースもある。泳ぐことに身体が特化していく過程で、徐々に走るのが苦手になる──という可能性もあるのだ。

　また、水泳におけるスタート動作とターン動作は、壁や台といった『支点』

がある動きだ。これはむしろ、陸上動作といっていい。泳動作がうまくてもスタート・ターンはうまくない選手が多いのは、このような身体能力の違いに基づくのではないかとも考えられる。

人間の運動はバリエーションが重要

この下巻では、特に股関節の解説を多く取り上げている。もともと日本人の股関節筋力は弱いとされているが、重力の刺激が少ない水中環境では殿筋群が使われにくいことから、より股関節筋力が低下するリスクが高くなる。つまり、泳いでばかりいると、筋力のアンバランスからさまざまな股関節の不具合が生じる可能性がある。

こうした水中での不具合は、陸上トレーニングを継続することで予防することが可能になる。しっかり泳ぐためには、陸上での準備が不可欠なのだ。

　体幹部のトレーニングでも、同様のことがいえる。『水泳選手は腹筋を鍛えることが重要』といわれて久しいが、腹筋の筋力によって泳いでいるわけではない。泳ぐ推進力を生み出すのは、腕と脚の筋力だ。しかし、腹筋がしっかり働いて体幹が固定されないと、腕と脚の筋力が効率よく発揮されない。腹筋は泳ぐためのメインの筋力ではないが、腹筋がきちんと働かないと速く上手に泳げない。

　このように、人間の動きにはさまざまなバリエーションがあり、多様性が特徴といえる。よって、ある特定の動きばかりを行うのは、望ましくない。

　トレーニングも同様で、偏った内容や部位ばかりを行うと、逆に不具合が生じる可能性が高くなる。いろいろな動き、いろいろなトレーニングを行うことで、ようやく身体をスムーズに動かすことができる。

　本書では、可能な限り多様なトレーニング例を取り上げている。すべてを行う必要はないが、なるべく苦手な種目ほど、根気強く継続して取り組んでほしい。不得意なことをしっかり行うことが、良いコンディショニングのために必要なことなのだから。

目 次

第1章 下半身のメカニズム（泳動作）

第2章 下半身トレーニング 基礎編 （股関節・体幹）

第3章 身体のメカニズム（スタート・ターン）

第4章 下半身トレーニング 応用編（荷重系）

第5章 全身トレーニング 応用編（腕・脚と体幹の連動）

(付録) 目的別 トレーニング構成例

撮影協力：株式会社 Perform Better Japan

本書の使い方

本書では、水泳の競技力を向上させるためのストレッチやトレーニングの方法を、実演写真やイラストを用いてわかりやすく説明している。また単に方法を紹介するだけでなく、身体の構造や動き方の特徴、水泳で必要な要素も合わせて解説しており、競技における動作をイメージしながらメニューを理解することができる。なお、第1章と第3章では身体のメカニズムに関する概論、第2章と第4章では主に下半身のトレーニングをテーマに取り上げ、第5章では全身のトレーニング解説というように、段階的にステップアップしていく構成になっている。

タイトルおよびテーマ
メニューの内容とテーマが一目でわかる

写真解説
ストレッチ、トレーニングの姿勢や動きを、写真で丁寧に解説。さまざまな角度からポイントや注意点が示されており、説明文と合わせてイメージすることで、実際に行う時の正しいやり方やNG例を理解できる。

アドバイス
項目ごとに注意点や狙い、重視すべき点をまとめたアドバイスを掲載。取り組む際の参考になる。

矢印および注意書き
→ 赤の矢印および赤字
　　＝正しいやり方のポイント

→ 青の矢印および青字
　　＝間違ったやり方のポイント

--- 点線＝骨格を示すライン

▶ スイングを示す矢印

↰ ねじれを示す矢印

第1章

下半身のメカニズム
（泳動作）

股関節の仕組みと働き
股関節の構造と動き方を理解する

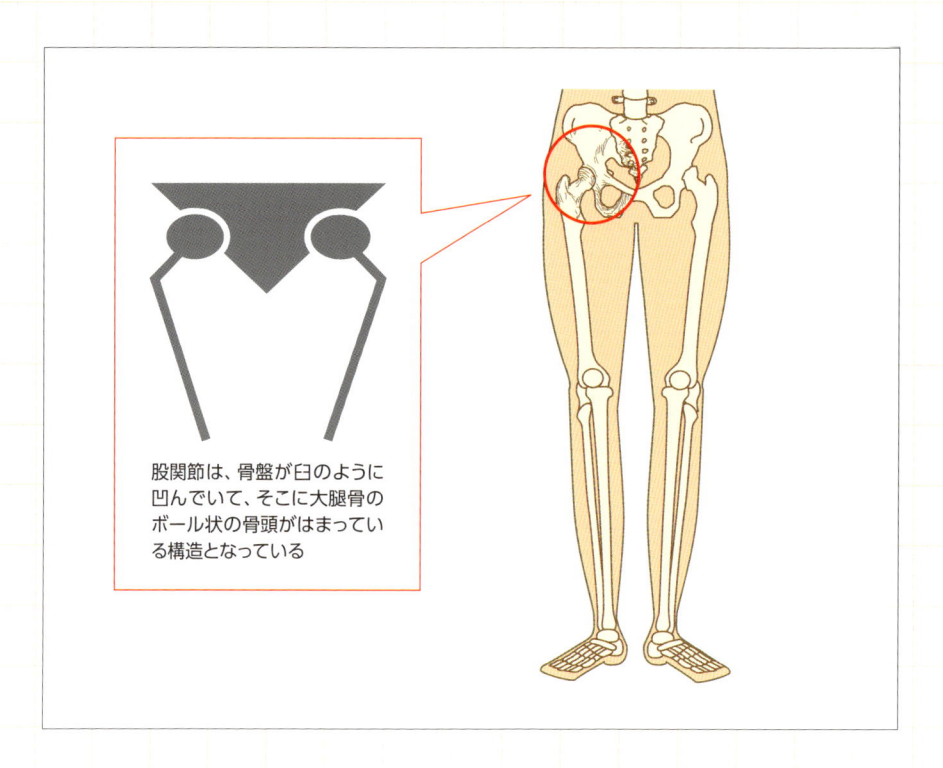

股関節は、骨盤が臼のように凹んでいて、そこに大腿骨のボール状の骨頭がはまっている構造となっている

股関節の構造

　上の解剖図からわかるように、股関節は「大腿骨頭」という丸い骨が、「臼蓋」という凹んだ骨にはまるような形をしている。これにより、股関節は前方へ曲げたり、後方へ蹴ったり、開脚前屈のように脚を横に広げたり、振り回したりと、いろいろな方向に大きく動かすことができる。

　股関節の後ろ側には、大きく分けて2つの筋がある(右の筋肉図参照)。股関節の上から膝の下まで伸びるハムストリングスと、股関節の裏側を斜めに走るように覆う大殿筋だ。どちらも股関節を伸ばして脚を後ろに蹴り上げる働きをする筋肉だが、大殿筋とハムストリングスでは、働きやすい脚の位置が少し異なる。

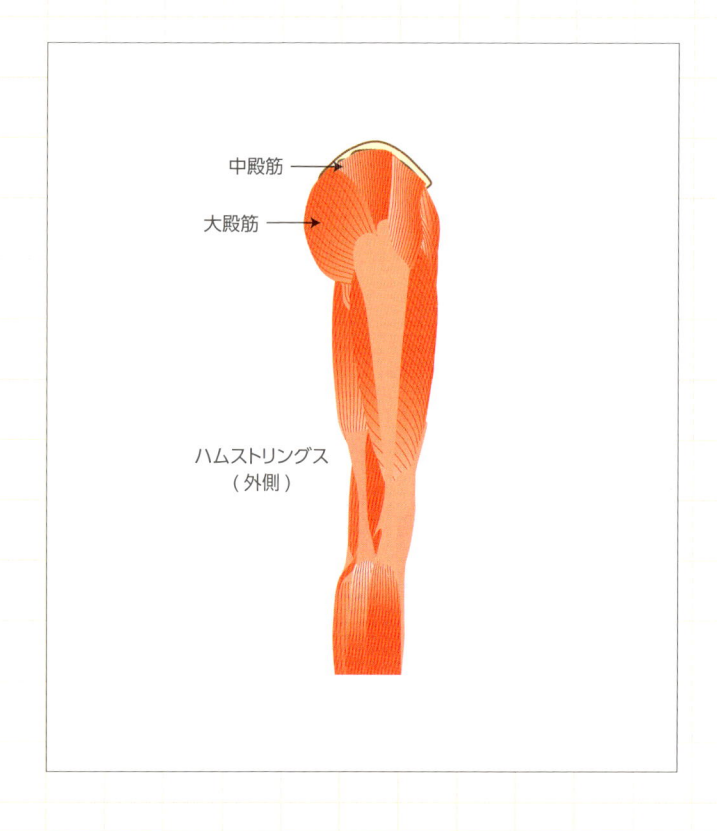

中殿筋

大殿筋

ハムストリングス
（外側）

股関節の動き方

右の図は、ハムストリングスの働きを表したものだ。ハムストリングスは、膝を曲げる働きがあると同時に、股関節を曲がった状態から伸ばす働きがある。

一方、股関節が伸びている状態では、股関節だけを伸ばす大殿筋が働きやすくい。

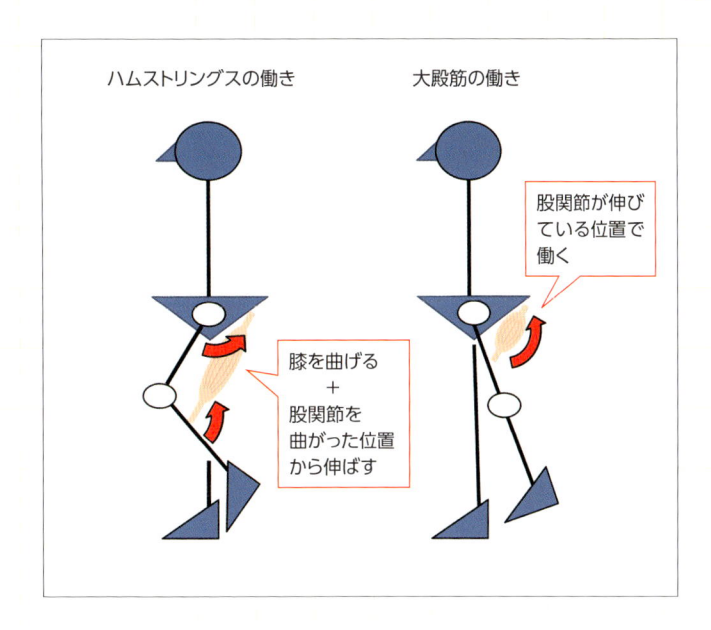

ハムストリングスの働き　　大殿筋の働き

股関節が伸びている位置で働く

膝を曲げる
＋
股関節を曲がった位置から伸ばす

ゴリラとヒトの殿筋の違い

右の図は人とゴリラの脚の筋肉を比較したものだ。ゴリラは太ももの裏にあるハムストリングスが発達しているのに対し、人は尻の大殿筋が発達している。こうしたことから、人が真っすぐ立って歩くことができるようになったのは、大殿筋をはじめとする殿筋群が発達したためだと考えられている。

逆に、殿筋が弱くなってハムストリングスばかり使うような姿勢になると、ゴリラのような歩き方になってしまう可能性がある。ハムストリングスを鍛えることも大切だが、大殿筋もさらにしっかりとトレーニングしなければならないのだ。

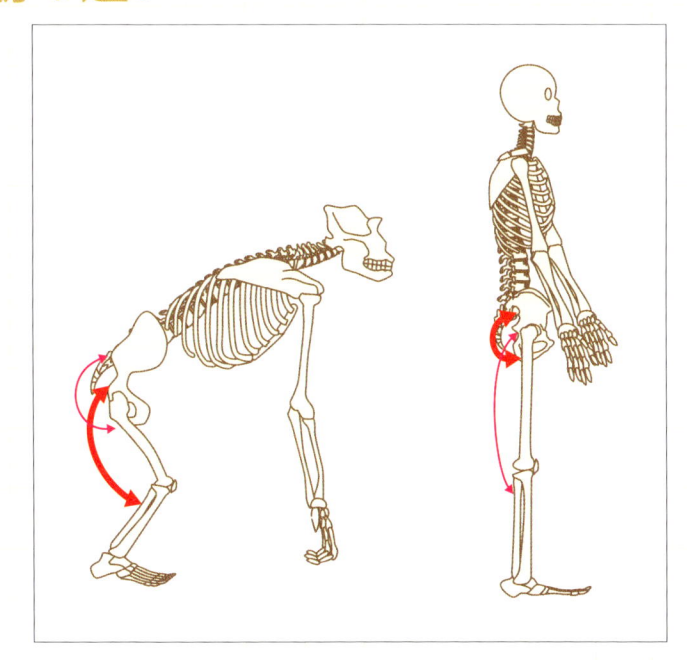

アドバイス

大殿筋とハムストリングスは、どちらも股関節を伸ばす役割を持っており、スポーツの動作においてとても重要な筋肉だ。しかし、一般に日本人は大殿筋が弱く、ハムストリングスのほうが使いやすいといわれている。

普段の生活ではあまり気にしていないかもしれないが、股関節をうまく使うためには、大殿筋をしっかり使うことが重要だ。

大殿筋の働き
大殿筋の役割を理解する

大殿筋の働き

前項で説明したように、大殿筋は股関節の後ろ側についており、短いが非常に幅が広く大きな筋肉だ。この筋肉が収縮することで、脚を後方へ伸ばす動きになる。さらに、右図のように脚を基準に大殿筋を収縮させると、骨盤が脚に寄ってきて、骨盤を丸めるように動かすことができる。この「骨盤後傾運動」が、大殿筋のもうひとつの働きだ。

骨盤後傾運動

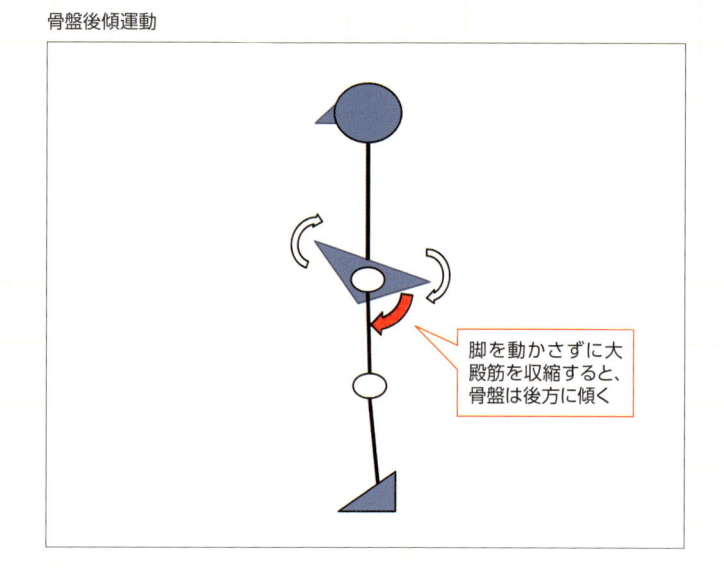

脚を動かさずに大殿筋を収縮すると、骨盤は後方に傾く

大殿筋の上部線維と下部線維

さらにここでは、前後方向だけでなく内外方向の大殿筋の働きについても解説しよう。ひと口に「大殿筋」といっても、実はその上部と下部では働き方が少し違う。右図は、骨盤と太ももを後方から見た解剖図だ。右は股関節の骨で、左がその周りの筋肉を示している。これを見れば、大殿筋が股関節の後ろ全体をおおっており、非常に面積が広い筋肉であることがわかるだろう。また筋肉の線維が斜めに走っており、これは大殿筋が斜め方向に収縮することを意味する。

図の○で示しているのは股関節の中心で、ここが中心となって、さまざまな方向に脚が動く。そこで、大殿筋の線維と平行に股関節の中心を通る線を引いてみよう（点線）。この線から上を上部線維、下を下部線維として分けると、それぞれの筋肉が働く方向は、図の矢印の方向になる。

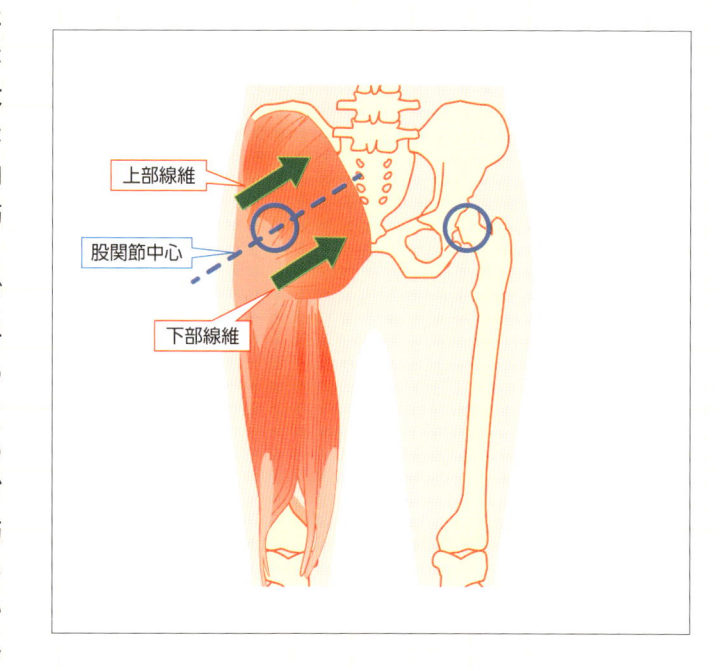

上部線維

股関節中心

下部線維

上部線維と下部線維の役割

　大殿筋の上部線維と下部線維それぞれの役割を示したものが、下の図だ。Aは上部線維の矢印で、この部分が収縮すると、股関節は外へ開くように動く。一方、Bは下部線維の矢印で、この方向に収縮すると、股関節は内側へ閉じるように動く。つまり

大殿筋は、上側が収縮すると脚が外へ開くように動き、下側が収縮すると脚が閉じるように動く。そして、この動きがバランスよく働けば、上下の作用が打ち消されて、股関節を後ろに伸ばす動きだけが発生するわけだ。

大殿筋 内外の働き

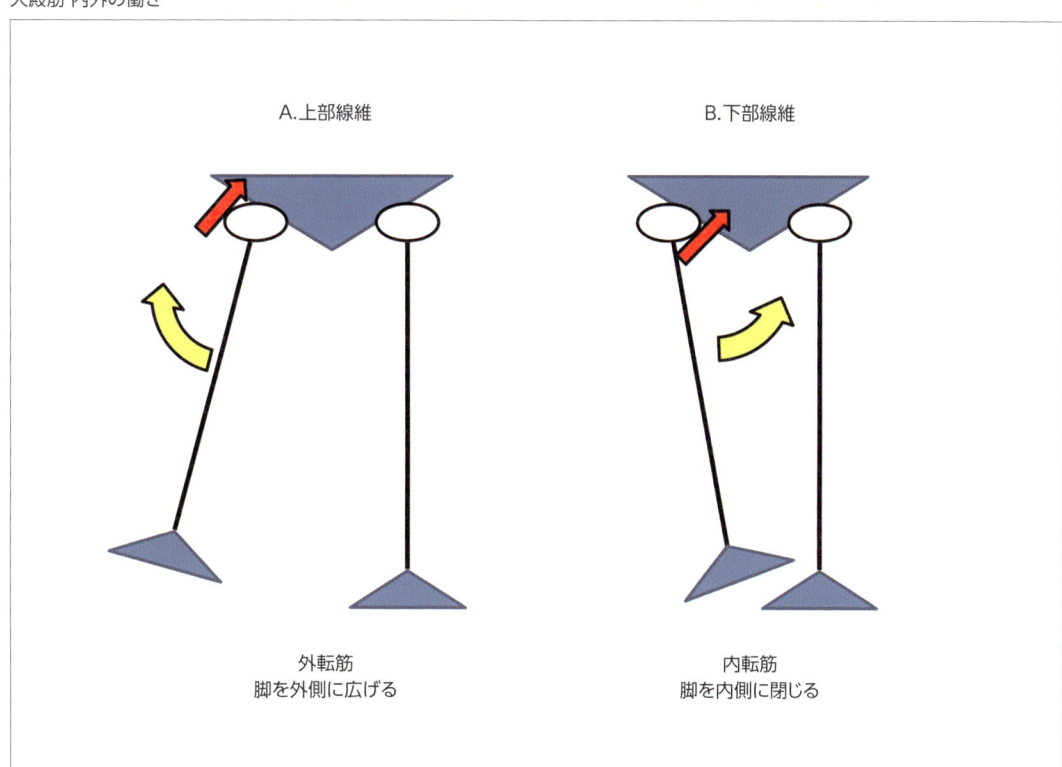

A.上部線維

B.下部線維

外転筋
脚を外側に広げる

内転筋
脚を内側に閉じる

アドバイス

　大殿筋の役割は、股関節を伸ばす伸展の動きがもっとも重要だが、その他にも骨盤を丸めたり、脚を広げたり閉じたりする時にも動いている。そもそも股関節自体がさまざまな方向に動く関節のため、その周りにある筋肉もさまざまな方向に動いている。一方向だけ動かしてもトレーニングとしては不十分なので、いろいろな方向のストレッチやトレーニングを行うようにしよう。

キック動作と腹筋の関係

キック時に体幹を安定化させる意義

太ももと腹筋のバランスが大事

水泳のキックで必ず問題になるのが、太もも（大腿部）の筋力と腹筋のバランスだ。バタ足キックは脚を使って進む動作だが、脚の筋肉だけを使えばいいわけではない。水泳は、陸上運動のように地面に脚が固定されておらず、水の中に浮いている不安定な状態での運動になる。そのため、自分の腹筋の力で、体幹部分を安定化させなければならない。

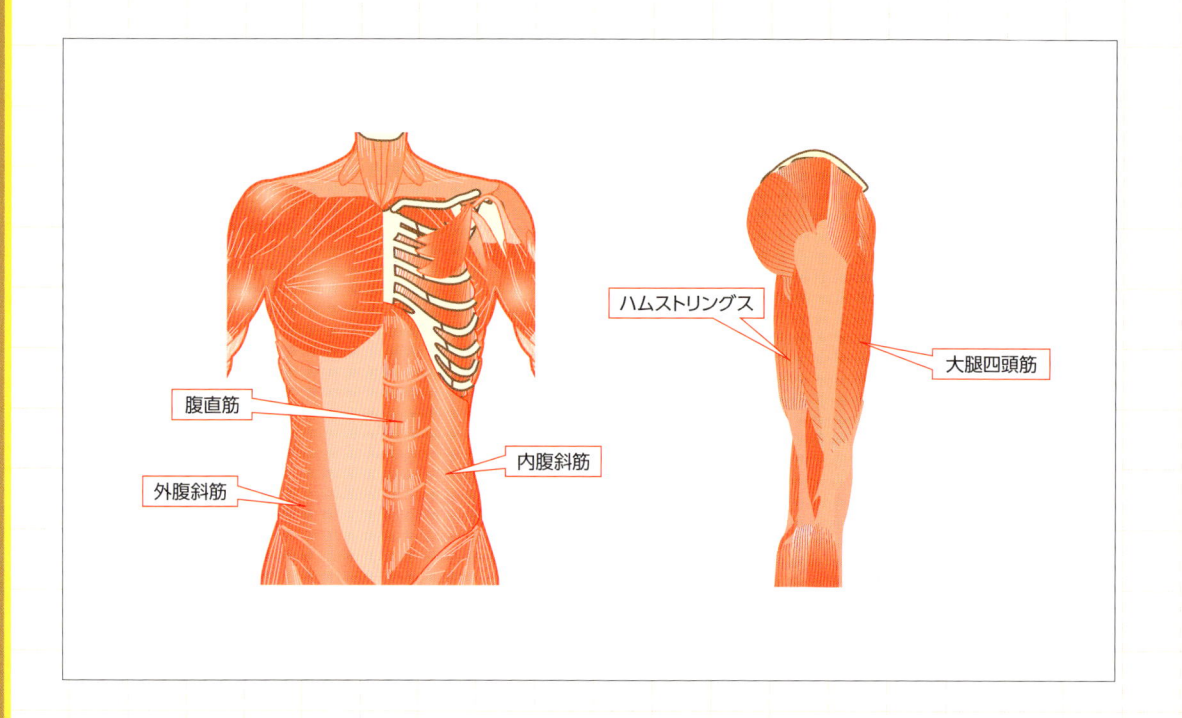

ハムストリングス

大腿四頭筋

腹直筋

内腹斜筋

外腹斜筋

アドバイス

キックを打つ時に腹筋をきちんと働かせることは、腰痛の予防だけでなく、速く泳ぐためにも非常に重要なポイントだ。そのため、真ん中にある腹直筋だけでなく、腹横筋や腹斜筋など横側の筋肉もしっかり使って、体幹部を固定できるようになる必要がある。もっとも、泳いでいる時にそこまでしっかりと腹筋を意識しながら泳いでいる人は少ないだろう。お腹を意識しすぎると、逆に泳ぎに集中できない。だからこそ、泳いでいる時に腹筋に自然と力が入りやすくするために、あらかじめ陸上のトレーニングで腹筋に収縮感をしっかりと入れておく必要があるのだ。だから、もし泳いでいる時に、明らかに腹筋を使っていると感じなくても、心配しなくていい。泳ぐ前にしっかり陸上トレーニングで腹筋に刺激を入れておけば、泳いでいる時も腹筋は働いているはずだ。そのためにも、陸上トレーニングでしっかり腹筋を意識してトレーニングしよう。

腹筋で体幹を固定する重要性

腹筋の力が十分に発揮されて骨盤がしっかり固定されると、キックを打つ時に太ももの筋肉を余計に使わずに済むため、疲れにくくなる。もし太ももの筋力がとても強い場合には、十分に腹筋による骨盤の固定がなされないと、骨盤がグラグラと動いてしまい、キック動作での推進力が低下する。すると太ももの前側にある大腿四頭筋を余計に使わなければならなくなり、逆に力んで疲れやすくなってしまう。

また、練習で通常よりキックのドリルを多く行っ

たり、フィンを装着してキック練習をしたりすると、足首が痛くなる人が多い。そういう人も、もしかするとキックを打つ際の腹筋による骨盤の固定が不十分かもしれない。脚にかかる力が体幹に伝わらないため、ストレスが足首に集中している可能性があるからだ。

このようにキックを打つ際は、脚だけでなく体幹の筋肉からしっかり使って、安定した骨盤のポジションで打つことが重要だ。

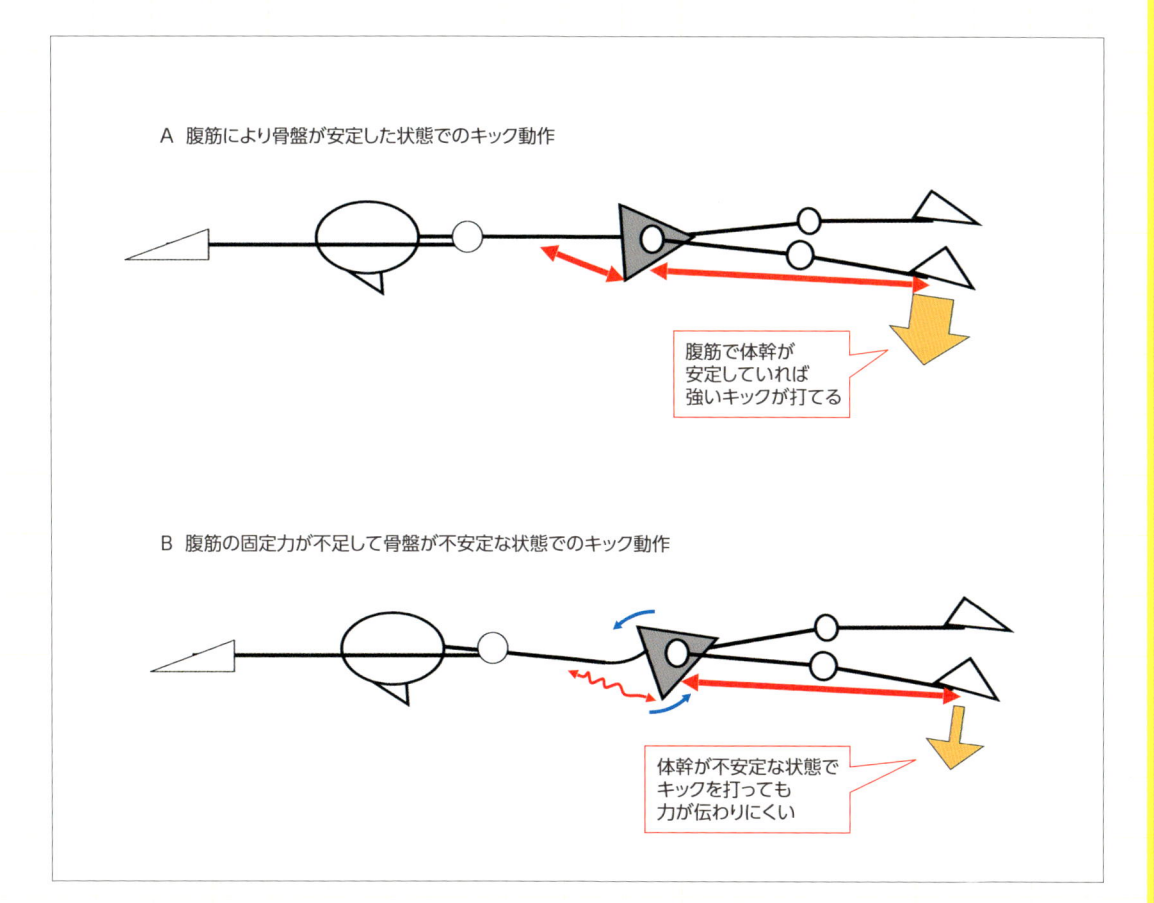

A 腹筋により骨盤が安定した状態でのキック動作

腹筋で体幹が
安定していれば
強いキックが打てる

B 腹筋の固定力が不足して骨盤が不安定な状態でのキック動作

体幹が不安定な状態で
キックを打っても
力が伝わりにくい

縫工筋のストレッチ
股関節の前面をさらに柔らかく

股関節前面にある縫工筋の働き

「基礎・上半身 編」の冒頭で全般的なストレッチを解説した際、大腿直筋のストレッチを紹介した。この筋は股関節前面から大腿前面を真っすぐ通る大きな筋肉で、キック動作の時に大きな力を発揮しており、スイマーはこの部分をしっかりストレッチしなければならない。そして、実は大腿の前面にある筋肉は大腿直筋だけではない。大腿直筋の表面を、人体でもっとも長い筋肉といわれる縫工筋が走っている。縫工筋は股関節の前側を通り、大腿直筋上で斜めに膝下までつないでいる。大腿直筋と同様、股関節を曲げる筋肉であるが、斜めに走っているので外側にねじる外旋方向の作用もある。そのため、この筋が硬くなると、逆に股関節を内旋方向に動かしにくくなる。

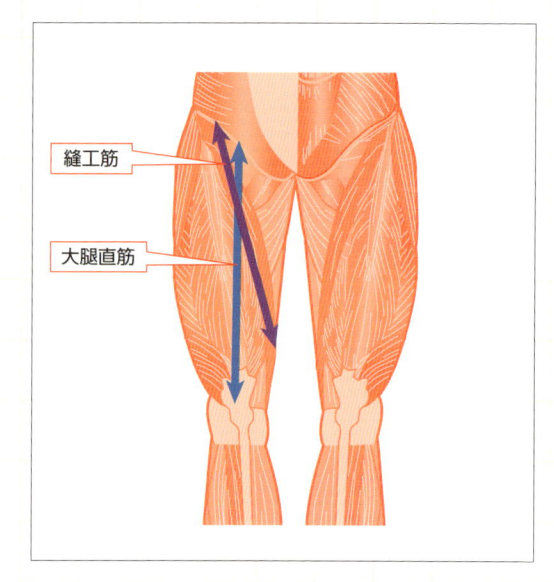

縫工筋

大腿直筋

平泳ぎのキックにおける股関節内旋

縫工筋が硬くなると、尻の外旋六筋や大殿筋が硬くなるのと同じように股関節を内旋しにくくなる。股関節が内旋しにくいということは、平泳ぎのキックで膝を引いた時に、しっかり足が開かないことになる。平泳ぎのキックでは、大殿筋など尻の筋肉をしっかり使う必要があるので、もし股関節の動きが悪い場合は、まず殿筋群が硬くなっている可能性を考えることが多い。しかし、殿筋群はしっかりストレッチしているにもかかわらず股関節が動きにくいというケースもある。この場合、この縫工筋が硬くなっているのかもしれない。

平泳ぎ：ウィップキック

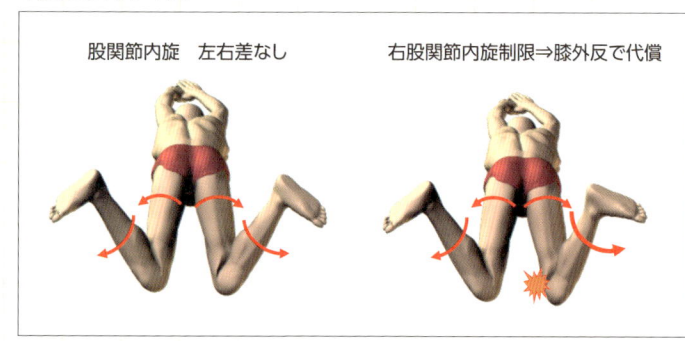

股関節内旋　左右差なし

右股関節内旋制限⇒膝外反で代償

股関節内旋制限

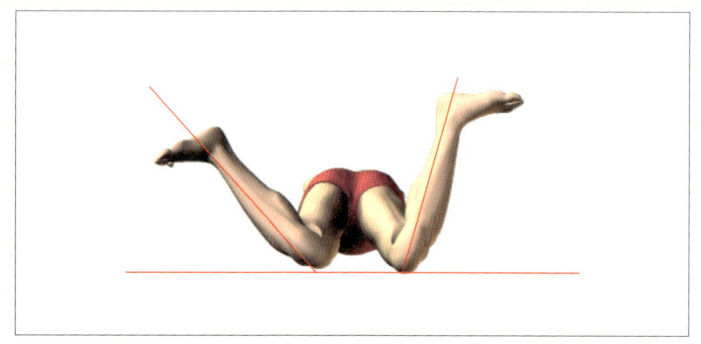

縫工筋ストレッチは「股関節を伸ばし、内側に閉じて、内ひねり」の3次元運動

　片膝を着いた状態で股関節の前側を伸ばす。この時、伸ばしている側の手で足を持つ。バランスがとりにくく倒れそうになるため、どこかにつかまってストレッチすると伸ばしやすい。腰は反らず、股関節を伸ばそう。

縫工筋

　前から見た時、持っている足を少し外側に開くと、股関節を内側にねじることになる。さらにそのまま少し骨盤を外に出すと、同時に股関節が内側に閉じる。それにより縫工筋をストレッチする方向に股関節を動かせる。

足を外へ

アドバイス

　縫工筋が硬くなっていると、この後に解説する殿筋群のトレーニングで股関節が動きにくくなり、うまく筋肉が働かない。まずはしっかり縫工筋をストレッチして、股関節の可動域を十分に獲得しよう。

腸腰筋のエクササイズ
股関節の安定性を高める深層筋

股関節前面の構造

　股関節前面には、縫工筋、大腿直筋というとても長い筋肉が通っているが、その奥にも腸腰筋という筋肉が存在する。腸腰筋は、大腰筋と腸骨筋という2つの筋の総称で、大腰筋は腰椎と大腿骨、腸骨筋は骨盤の内側と大腿骨をつないでいる。この筋は、上半身と下半身を連結する唯一の筋肉として非常に重要だといわれている。また、腸腰筋は腰と股関節のもっとも深いところにある筋肉であり、腰椎と股関節前面の安定性に関わっている。腸腰筋をうまく使えないと腰も不安定になり、腰痛の原因となる。また股関節前面も不安定になるため、大腿の表面にある大きな筋で安定性を確保しなければならなくなり、股関節前の緊張やつまり感の原因になるとも考えられている。

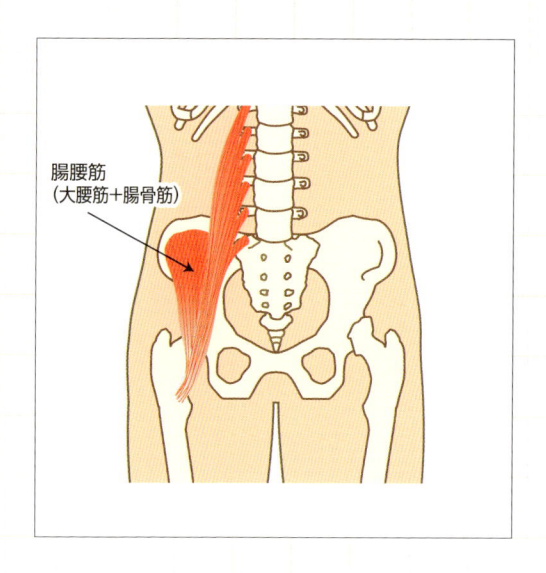

腸腰筋
（大腰筋＋腸骨筋）

腸腰筋の動かし方

　股関節前面は筋肉が重なって動いているため、自分でどの筋肉を使っているかがわかりにくい。特に腸腰筋のような深いところにある筋肉は、収縮感を感じにくい。肩や体幹も同じだが、表面にある大きく長い多関節筋は収縮感を感じやすく、その下にある小さくて短い単関節筋は動いている感覚を実感しにくい。一方で関節の安定性を高めるためには単関節筋をしっかり動かすことが重要になる。

　また、「先に単関節筋が働いて関節の安定性を高め、それから多関節筋が働く」という収縮の順番も重要だ。よって、単関節筋である腸腰筋を先に働かせるためには、表層にある大きな大腿直筋や縫工筋をいったん完全に緩めた状態で股関節を動かすことがポイントになる。この時、強い負荷で動かすと多関節筋が働いてしまうので、ごく弱い負荷で大きな筋肉が動いていないことを確かめながら動かすと、結果的に内側の細かい筋肉を使って動かせる。たとえば、膝を伸ばして片脚を上げる時は太ももの前の大腿四頭筋を使うので、腸腰筋を使うのは難しい。なるべく大腿直筋が働かないように膝を曲げて股関節を曲げると、腸腰筋が働きやすい状態になる。

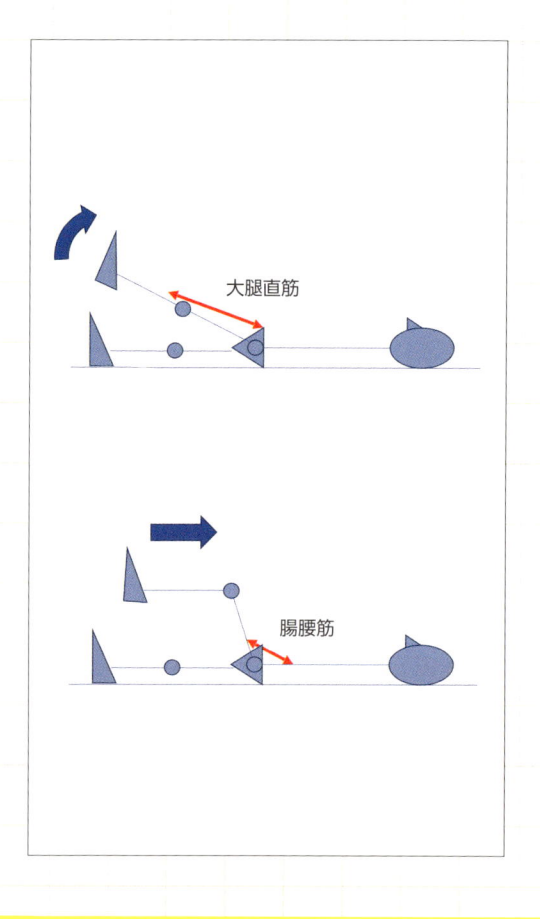

大腿直筋

腸腰筋

①基本動作

これが基本のやり方。仰向けで足をバランスボールに乗せ、前後に転がす。この時、太ももの筋肉を極力使わないよう気をつけながら動かすと、腸腰筋で動かしていることになる。

太ももの筋肉は
リラックス

②バランスボール

太ももの筋肉を使わずに動かせるようになったら、今度はバランスボールに座って片膝を上げよう。上半身を倒したり丸めたりせず腹筋でしっかり固定し、太ももの前を使わずに上げる。大腰筋は腰椎についているので、体幹をしっかり固定しないと腰が反ってしまい、うまく股関節を動かせない。

腹を
締めて

③チューブ

立った状態で足の甲にチューブを巻き、体幹をしっかり固定して片膝を上げる。上げた側の腸腰筋が働き、同時に支えている側の大殿筋も収縮する。これは、歩いたり走ったりする時の股関節の動きのトレーニングになる。

第1章 下半身のメカニズム（泳動作）

アドバイス

腸腰筋は派手さがなく地味な筋肉だが、さまざまな運動で使われるとても重要な筋肉であることが最近わかってきた。常に働き続ける腸腰筋をしっかり意識してトレーニングすると、気づかないうちに動きが改善するかもしれない。

ドルフィン・バサロ解説

体幹を動かして進む

太古の昔、まだ人間が魚だった時の動き

水泳の動作でとても特徴的なのが、ドルフィンキックとバサロキックだ。もともと、生物は水中で発生し進化してきたといわれている。その進化の変遷を、「移動」という観点で追ってみよう。

まず、魚にはヒレがついているものの、前に進む推進力を生み出すのは、胴体を横にうねらせる動きだ。魚のみならず、ナマズやウナギなども横方向の動きで前に進む。

この水生生物が地上に上がり、爬虫類へと進化していくわけだが、最初は前脚も後脚も胴体の横についていて、移動の際には脚を動かさず胴体を横にうねらせながら進んでいた。ワニの動きをイメージすればわかりやすいだろう。この頃の脚の役割は、胴体を地面から浮かせることがメインで、移動の推進力としてはあまり働いていない。その後、ほ乳類が誕生し、胴体を地表から高く持ち上げる必要性が生じたことから、脚が胴体の下へ移動した。その結果、脚を前後に動かして移動することになり、胴体を左右にうねらせる必要がなくなったと考えられている。

体幹自体を動かさないとスムーズに進まない

横方向に胴体を動かしながら移動する運動については134〜135ページの「ワニ歩き」の項でさらに詳しく解説するが、通常人間が地上——つまり重力がかかる状況で移動する場合は、歩く、走るのいずれの場合も、股関節を使って前に進む。また水面近くで移動する泳動作では、上半身のストローク動作と下半身のキック動作により前へ進む。

ただし水中で進む場合、ストローク動作は抵抗が大きく、推進力としては非効率だ。よって水中で効率よく進むためには、全身を使ってうねりながら前に進む魚のような動きが必要になる。ただし、人間の身体は構造的に前後方向の可動域が大きく、横方向にうねる動きは苦手。これは前述したほ乳類へ進化した際の構造変化が原因と考えられるが、一方で人間は前後にうねって前へ進むことができる。そのため、水中で抵抗を受けず効率よく進むためには、ドルフィンキックやバサロキックを習得する必要があるのだ。

アドバイス

人間は、手足がありながら水中では体幹を使って進むことができる。人間の人間たる所以は、動きのバリエーションが多いということ。他の動物と比べ、実にさまざまな動き方が可能なのだ。同様に、体幹のトレーニングといってもさまざまなものがあるが、ただ体幹を固めればいいというわけではない。逆に動かし続けるトレーニングも重要であり、さまざまなバリエーションのトレーニングをする必要がある。

胸椎・胸郭を動かして腹筋と下半身を連動させる

ドルフィンキックやバサロキックが上手な選手は、よく「胸から動かしてキックする」という表現をする。確かに一流の選手の動きを見ると、全身が滑らかにうねるように動いている。身体全体を使って、むちをしならせて打つような動きで進んでおり、決して股関節から先の脚だけで打っているのではない。

この動作で重要なのは、胸椎・胸郭がしっかり動くこと。それにより腹筋と下半身を連動させて動かすことが求められる。

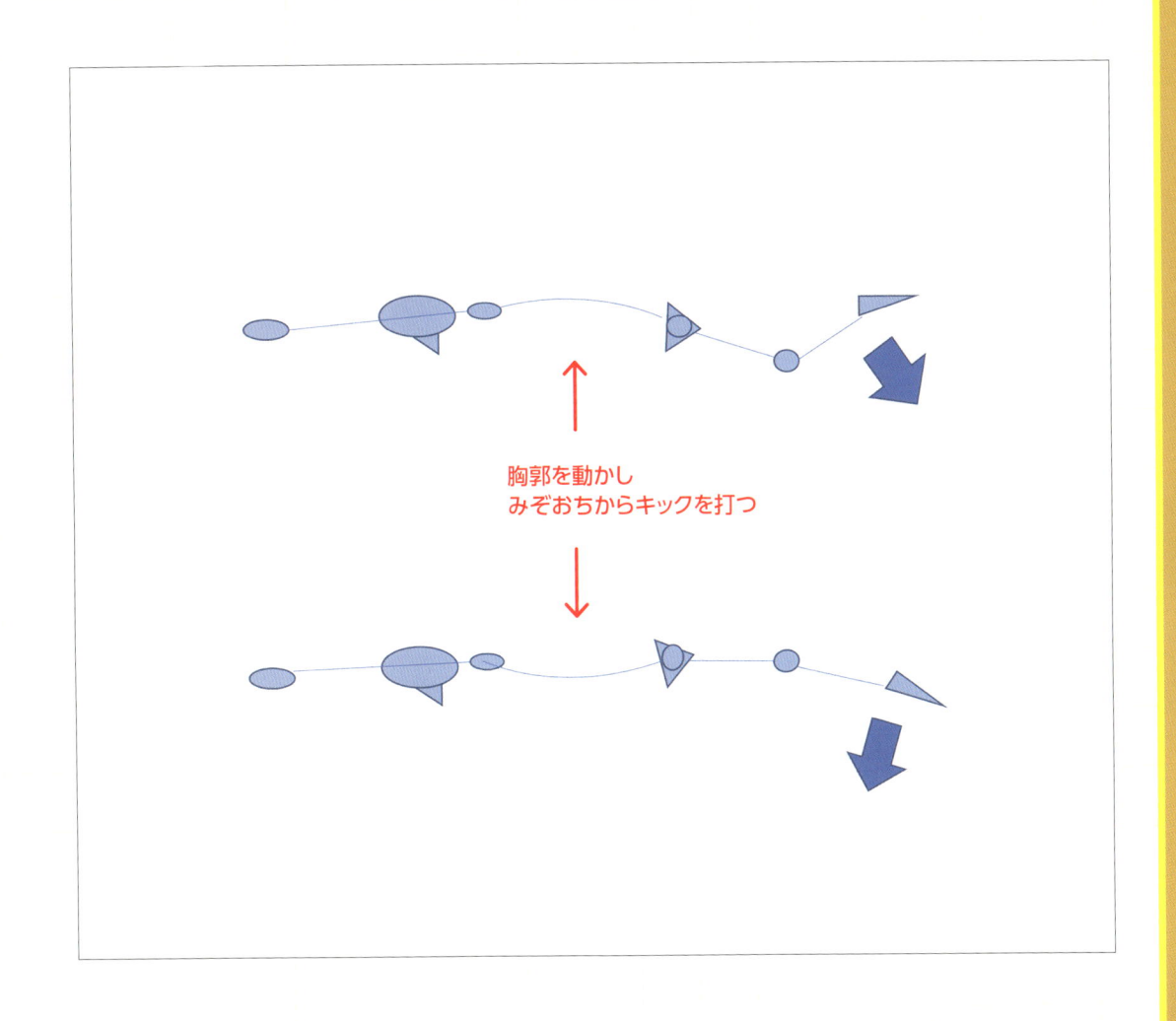

胸郭を動かし
みぞおちからキックを打つ

ローカル筋で骨盤を安定させる重要性

すでに説明してきたように、ひと言で「腹筋」といってもさまざまな筋がある。その中でキック動作の際に使うべき腹筋は、表面にある大きなグローバル筋だけではない。骨盤の動きを安定させるためには、深いところにある細かい腹筋である「ローカル筋」が重要になる。

キック動作中の骨盤と腰椎の動きについてコンピューター上でシミュレーションした研究によると、表層にある体幹筋群の活動増加によって、キック動作における骨盤の動きを抑えることはできない。一方、深層にあるローカル筋（腰椎に直接付着している筋群）の活動が増加することによって、腰椎の挙動を制御できるという結果が示されている。（引用／中島求, 三浦康郁, 金岡恒治. 2006, 水泳運動における腰椎の負荷と挙動のシミュレーションと実験的検証. バイオメカニズム 18 pp.45-56.）

上巻でも述べたが、深層にあるローカル筋を使うためには、下腹部を凹ませるドローイン（腹部引き込み運動）が効果的だと考えられている。さらに、ローカル筋を使って腰痛を予防するためには、筋肉を使う「順番」が重要といわれている。

オーストラリアの研究者 P. ホッジスによれば、腰痛経験がある人とない人では、手足を動かす際の腹筋の使い方に違いがあるという。

（引用／ Hodges PW et al: Contraction of the abdominal muscles associated with movement of the lower limb . Physical therapy77:132-144, 1997）腰痛がない人は、手足を動かす筋肉よりも前に腹横筋が働くのに対し、腰痛経験がある人は、その順番が同じか、あるいは逆転している。つまり、ローカル筋を使って体幹を安定化してから手足を動かす順番が守られている人は腰痛になりにくく、体幹の安定性が確保させていないうちに手足を動かしてしまう人は腰痛になりやすい可能性があるというわけだ。この結果から、トレーニングは必ず体幹の安定性を高めてから動かすような癖づけが大事になると考えている。強さも大事だが、使う「順番」も、同じように大事なのだ。

体幹は、ただ固めればいいわけではなく、腹筋が割れていればいいというわけでもない。正しいところに力が入り、かつそれが望ましい順番で働くことが、もっとも重要なのだ。たしかに、キック動作に限らず泳いでいる最中に腰や体幹の部分がカチッと固まっていたらいいかといえば、そんなことはないだろう。

ただし、この腹筋の使い方を水中で練習するのは難しい。だからこそ、あらかじめ陸上で腹筋をトレーニングして、それから泳ぐことが勧められるのだ。

第2章

下半身トレーニング

基礎編（股関節・体幹）

大殿筋トレーニング ①

太ももの裏ではなく尻の筋肉を使う

ハムストリングスを使わず大殿筋を動かす

14〜15ページで大殿筋の重要性について説明した。ここではその具体的なトレーニング方法について紹介する。大殿筋のトレーニングで注意すべき点は、なるべく太ももの裏側、ハムストリングスを使わないことだ。ハムストリングスは縦に長く大きい筋肉で、大殿筋に比べて動かしやすいため、多くの人は股関節を動かした時に太ももの裏側を使ってしまう。そのためトレーニングでは、なるべく太ももに力が入らない状態で行う必要がある。

ハムストリングスを使わず大殿筋を動かすためのポイントは、ハムストリングスを緩めた状態でトレーニングすること。下図のように、膝を曲げることでハムストリングスが緩んだ状態になる。また、骨盤を丸める（後傾）ことでもハムストリングスが緩み、大殿筋が収縮しやすい状態になる。

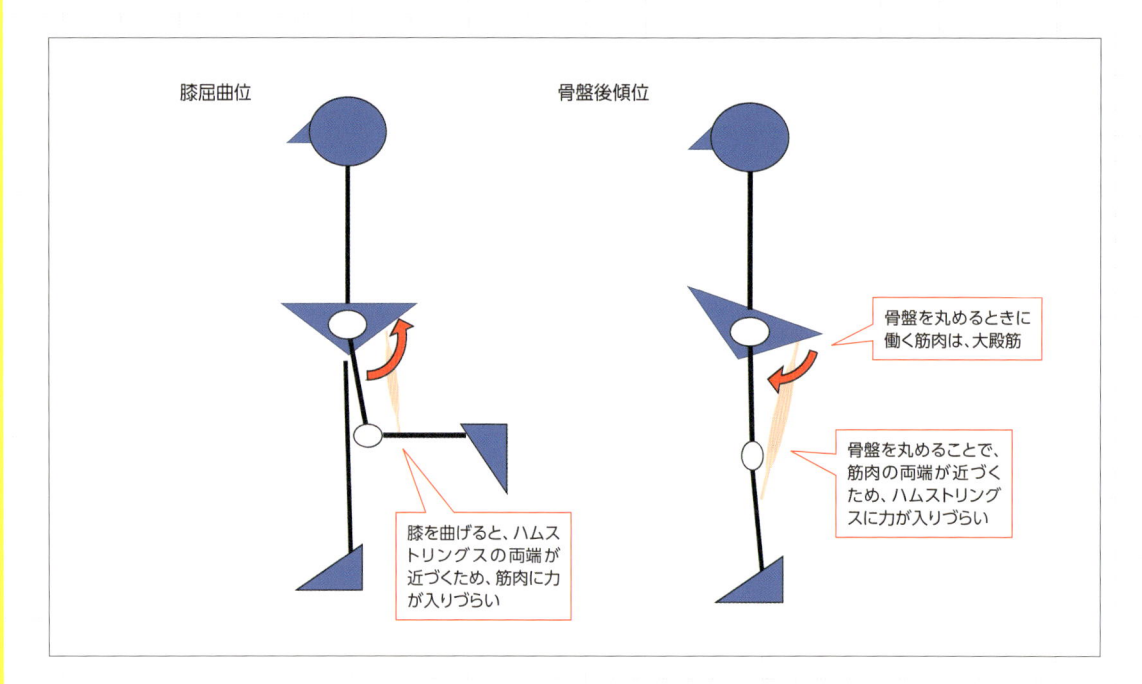

膝屈曲位

骨盤後傾位

骨盤を丸めるときに働く筋肉は、大殿筋

膝を曲げると、ハムストリングスの両端が近づくため、筋肉に力が入りづらい

骨盤を丸めることで、筋肉の両端が近づくため、ハムストリングスに力が入りづらい

基本動作①
うつ伏せで片方の膝を曲げる

うつ伏せになり、片方の膝を曲げる。膝を曲げることによって、太ももの裏側にあるハムストリングスが緩んで使いにくい状態になるため、大殿筋をうまく使うことができる。

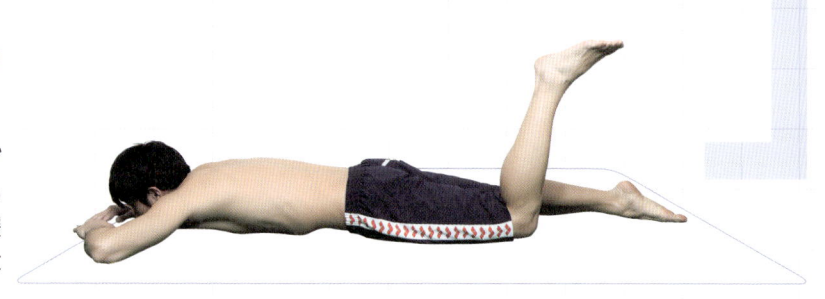

大殿筋の強化

基本動作②
股関節前側を床に押しつける

その状態から、骨盤を丸める感じで股関節の前側を床に押しつける。そうすると、骨盤が後傾するので、大殿筋に力が入る。少しだけ脚を浮かせることで、より大殿筋に力が入りやすくなる。

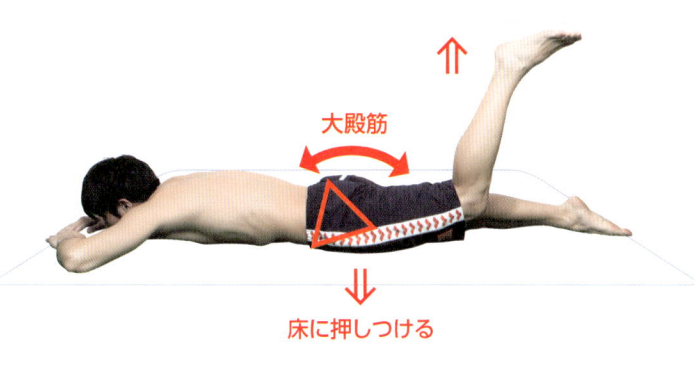

大殿筋

床に押しつける

✕ NG 腰を反っている

脚を高く上げすぎると、このように腰まで反ってしまう。腰を反ると大殿筋に力が入りづらく、トレーニングの効果が薄れるばかりか、腰を痛めてしまう危険性もある。大切なのは、腰やハムストリングスに力を入れず大殿筋に力を入れること。脚を上げるのはおまけぐらいの感覚で行おう。

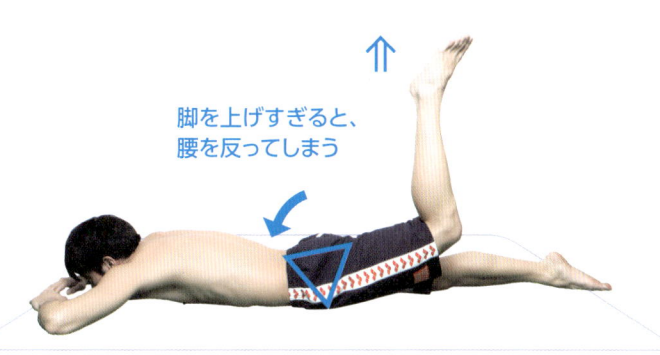

脚を上げすぎると、腰を反ってしまう

後ろから見た形

こちらは後ろから見た形。大殿筋に力を入れた際、NGのようにつま先が外に開いてしまう人がいる。これでは大殿筋全体が働かない。なるべく膝は開かず、OKのように真っすぐ上げることを意識しよう。

◯ OK ✕ NG

アドバイス

実際にやってみると、大殿筋に力が入りにくい人も多かったのではないだろうか。この筋肉は非常に重要な筋肉である一方、無意識で働く必要があるだけに、意識してトレーニングしないと使っている感覚をつかみにくい。数回にわたって詳しく説明していくので、ぜひ大殿筋を使う感覚を身につけてほしい。

大殿筋トレーニング ②
股関節を閉じる働きをする大殿筋の下部を鍛える

大殿筋の下部のトレーニング法

前項に続いて大殿筋のトレーニングを紹介する。ここでは、股関節を内側へ閉じるように動かす働きをする大殿筋下部線維をより重点的にトレーニングする方法を解説する。

基本動作①
仰向けで膝の間にボールを挟む

仰向けに寝て、膝の内側に柔らかいボールを挟む。ボールがなければタオルなどでも可。この時点では、まだ力を入れなくてもいい。

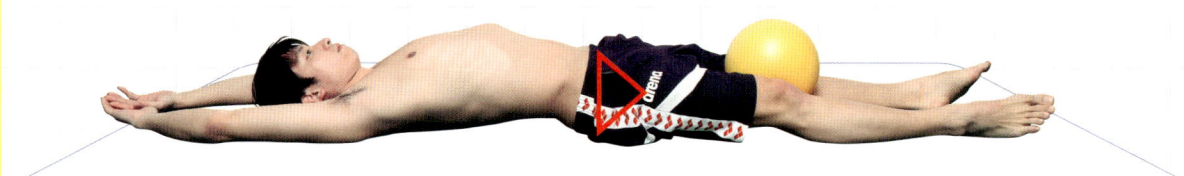

基本動作②
骨盤を丸め大殿筋を収縮

その状態から、骨盤を丸める（骨盤後傾運動）。これがやりにくい人は、腰が反って床から浮いている部分を、床に着けるよう意識するといい。骨盤後傾と同時に、大殿筋を収縮する。尻を触って、筋肉が硬くなっていたらOK。収縮が難しい人は、尻の穴に力を入れてみよう。この時、決して腹を突き出さないよう注意。へそを凹ませながら、骨盤を後傾させることが重要だ。

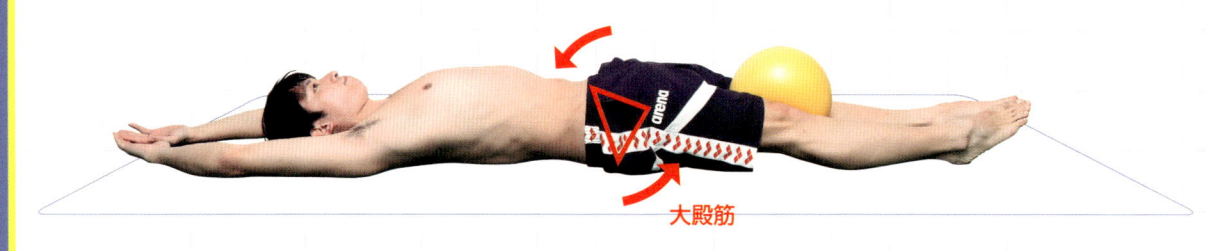

大殿筋

基本動作③
膝を上に向け
ボールをつぶす

　骨盤後傾と大殿筋収縮ができたら、最後に膝の間に挟んでいるボールを軽くつぶしてみよう。この時、ただボールをつぶすのではなく、OKのように膝を上に向けるようにして行うこと。膝が外を向いてガニ股になるのはNGだ。

　大殿筋に力を入れると、NGのように膝が外を向いたり、脚が外に開いたりする人が多い。これは先に説明した大殿筋の上部線維が強く、外転の作用が強い人に見られる現象だ。裏を返せば、脚を閉じながら後ろに伸ばす時に使う大殿筋の下半分が弱いということでもある。とはいえ、実際は脚が開いてしまう人のほうが圧倒的に多いので、まずは真っすぐに脚を伸ばし、膝がきちんと上を向いていることを確認しながら、大殿筋をまんべんなく使うことを意識してボールを挟んでみよう。これができると、尻と太ももの付け根の部分に収縮感が出てくる。ここが大殿筋の下部線維だ。

　膝を上へ向けようとすると大殿筋の力が抜けてしまう人は、上部線維が強すぎたり、力みすぎてハムストリングスを使ってしまう可能性がある。下部線維を使おうと意識すると余計に大殿筋全体が使えなくなってしまうので、その場合はあまり力を入れすぎないように、かつ大殿筋の力が抜けない程度に脚を閉じる方向へ力を入れて行ってみよう。

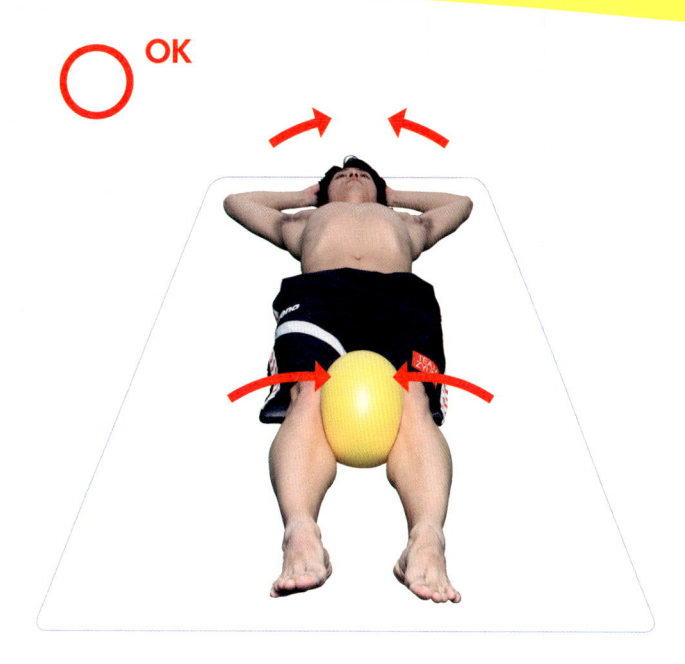

○ **OK**

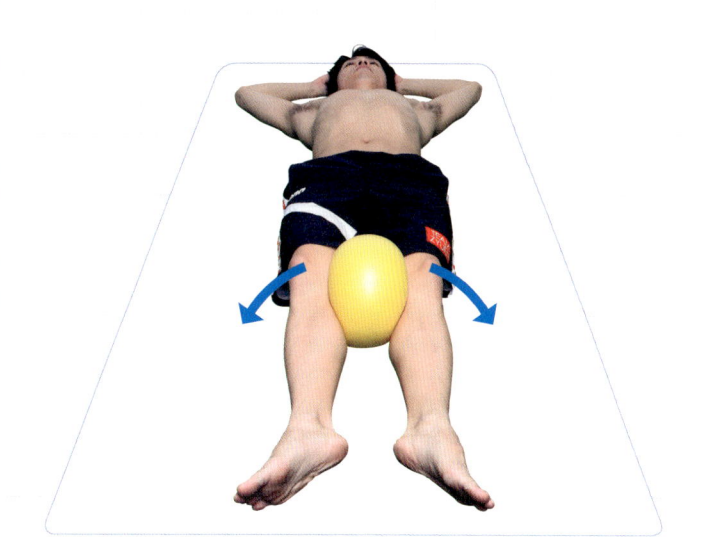

✕ **NG**
膝が外を向いて脚が開いている

アドバイス

　このトレーニングはかなり地味だが、非常に大事なトレーニングだ。また地味なわりに難しいトレーニングでもある。3つのポイントに同時に気をつけなければならないため、頭も身体も混乱してしまいがち。とにかく力みすぎないことを意識してやってみよう。最初から完璧にできる選手など1人もいない。継続は力なり。コツコツと続けていこう。

バックブリッジ①両脚

バックブリッジでは大殿筋が重要

大殿筋と広背筋をバランスよく使う

上巻で説明したように、背中から尻にかけて身体の後ろ側を大きく覆っている広背筋と大殿筋は、胸腰筋膜によってXの字につながっている。そのため、左の広背筋は右の大殿筋と、右の広背筋は左の大殿筋と、胸腰筋膜を介して同時に働く。人間が走る時の動きをイメージするとわかりやすいが、右脚を後ろに蹴っている時は左腕を前に振るように、腕と脚は反対方向

の動きをする。これは、上半身と下半身を反対方向へねじることで、身体が左右に揺れるのを押さえるためだ。

本項で紹介する「バックブリッジ」は大殿筋をメインに使うトレーニングだが、広背筋も同時に動いている。2つの筋肉をうまく使うことがポイントになるので、筋肉の働きを理解したうえで行うようにしよう。

両脚ブリッジ①（腕＝身体の横）

仰向けに寝て、膝が外に開くのを防ぐために膝の間に柔らかいボールか丸めたタオルを挟む。この状態で軽く骨盤を丸めてみよう。難しい人は、床から浮いている腰を床に着けるようにするといい。この骨盤後傾による大殿筋下部線維の活動が、バックブリッジでは非常に重要だ。

両腕は身体の横に置き、そこから下腹部を凹ませ、大殿筋に力を入れてゆっくりと尻を持ち上げていく。一気に上げるのではなく、腰から背中に向かって順番に持ち上げていくイメージで行うといい。胸を張り、肩甲骨の下あたりを反って持ち上げたらストップ。膝から肩までが一直線になっているのが、大殿筋と広背筋できちんと身体を支えている状態だ。2秒ほど維持し、逆の順番で背中の上の方から腰にかけて下ろしていく。

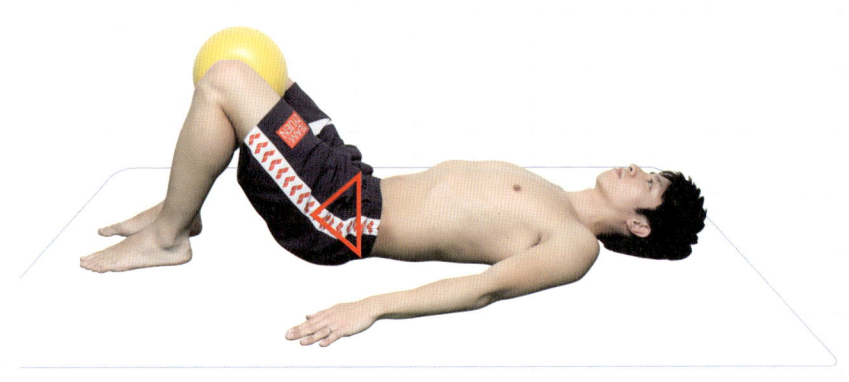

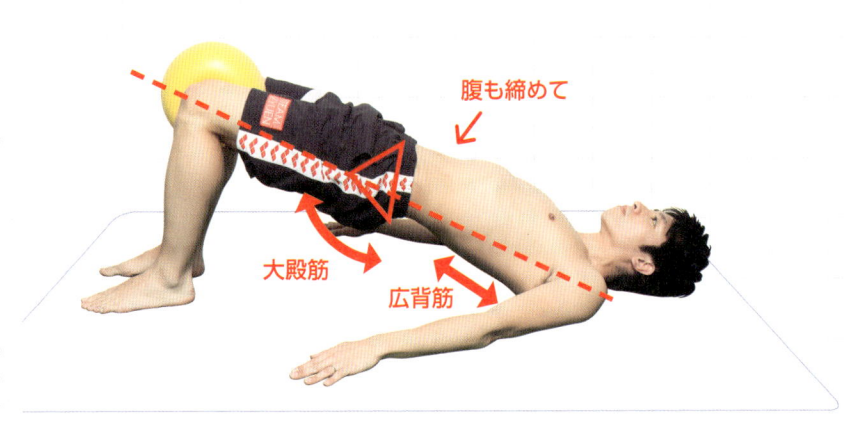

腹も締めて

大殿筋

広背筋

両脚ブリッジ②（腕＝頭の横）

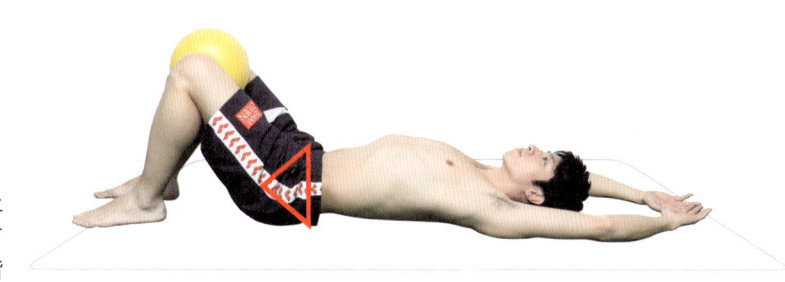

慣れてきたら、腕を頭側に上げて両脚バックブリッジを行ってみよう。腕を上げることで広背筋が使いにくくなり、大殿筋の負荷が高まる。注意点は、絶対に腰を反らないこと。骨盤が固定できないと腰を反ってしまうので、下腹部を凹ませて腹筋に力を入れることを意識しよう。また、ハムストリングスではなく大殿筋下部線維を使って上げることも大切だ。

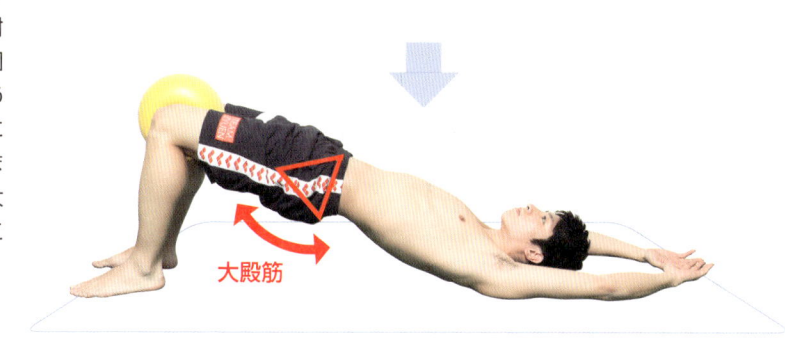

大殿筋

✕ NG 腰を反らない！

バックブリッジで絶対にやってはいけないのは、このように腰を反ること。腰に大きなストレスがかかり、腰痛を起こす危険性が非常に高くなる。また腰を反った姿勢では、大殿筋ではなくハムストリングスを使って上げていることになり、トレーニングの意味もなくなってしまう。故障防止と、鍛えたい部分をきちんと鍛えるために、正しい方法で行うことが何より大切だ。

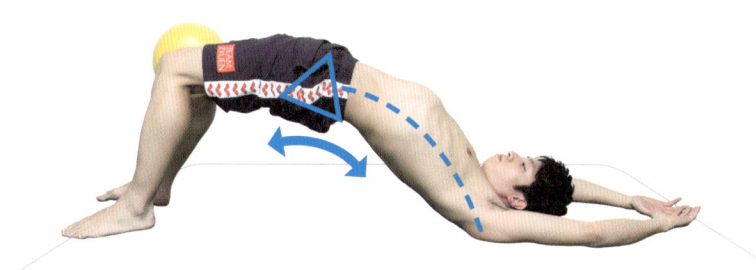

アドバイス

バックブリッジをすると、大殿筋ではなく太もも裏側のハムストリングスを使っている人が多い。そういう人は腰を反った姿勢で行なっている可能性がある。

ある程度はハムストリングスを使ってもいいが、大殿筋をまったく使わずハムストリングスだけを使うのは間違ったやり方で、非常に危険。必ず正しいやり方で行うようにしよう。

バックブリッジ②片脚
大殿筋で骨盤のねじれやぐらつきを抑える

股関節の回旋は大殿筋でコントロール

　股関節は、丸い球の形をした骨が臼の様なくぼみにはまった形をしており、ぐるぐる回るような3次元の動きをする。前項の「両脚バックブリッジ」と異なり、片脚バックブリッジではこの大きく動く股関節をしっかり止めたり、真っす

ぐ動かしたりするため、支えている側の大殿筋がさらに強力に働くことが必要になる。ここでは動きの難しさと負荷の強度ごとに4段階のトレーニングを紹介する。

レベル1 **基本動作**

　両脚バックブリッジと同様に膝の間に柔らかいボールやタオルなどを挟み、尻を持ち上げる。腰を反らず、大殿筋下部線維を使って浮かせることを意識。そこから片方の脚を伸ばす。両膝の位置は変えず、横から見て体幹から伸ばした足先までが一直線になるようにしよう。この時、支えている側 (写真の場合は右) の大殿筋の収縮感が、両脚バックブリッジに比べとても強くなるのがわかるだろうか。右の大殿筋の働きが弱く右脚の股関節がしっかり止まっていないと、横から見た時に骨

盤が曲がったりねじれたりする。
　次に、上げた脚をゆっくり下ろして両脚バックブリッジに戻り、骨盤を上げたまま、反対側の脚を伸ばしていこう。今度は左側の大殿筋の収縮感が強くなるはずだ。このように交互に、ゆっくりと膝の曲げ伸ばしを繰り返す。回数を重ねるにつれ腰が反ったり骨盤がねじれたりしやすくなるため、その場合は左右1回ずつ終えたところで休んでもOK。慣れてきたら続けてできる回数を増やしていく。目標は交互に10回 (5往復)。

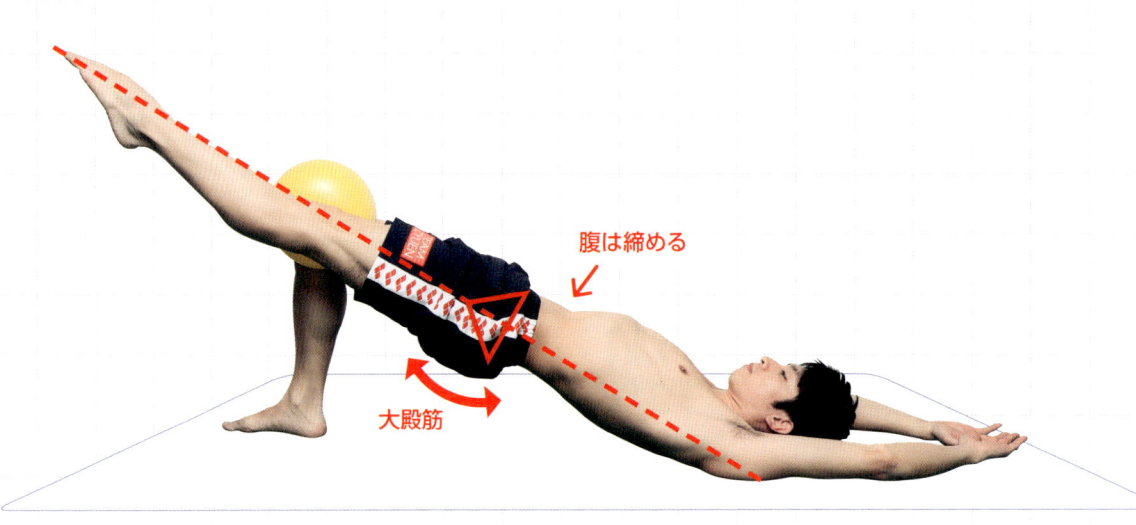

腹は締める

大殿筋

アドバイス

　股関節がねじれるのを止めるのは大殿筋の大きな役割の1つで、片脚バックブリッジのほうが大殿筋により大きな負荷が加わる。大事なのは骨盤を止めることであり、脚を大きく動かせばい

いというものではない。まずは自分で骨盤をコントロールできる範囲とスピードで、脚の上げ下ろしと開閉を行ってみよう。

レベル2 **片脚スイング上下方向**

　骨盤を片方ずつの股関節で止められるようになったら、レベル2ではボールを挟まず、骨盤を上げたまま、片方の脚の上げ下ろしを繰り返す。両脚バックブリッジから片方の脚を上げ、伸ばしている脚を上下に振ってみよう。レベル1に比べ、支えている股関節により大きな力が加わるはずだ。そのため、ねじれたりぐらついたりしないよう、より大殿筋全体を働かせる必要がある。大きく動かすことが目的ではなく、骨盤を止めることが重要なので、最初はぐらつかない程度に少し振るだけでいい。ぐらつかず連続10回上げ下ろしを目指そう。

レベル3
片脚スイング内外方向

　レベル3ではさらに難度を上げて、伸ばした脚を横方向に開いたり閉じたりしてみよう。上下の振りよりも大きなねじれによるストレスが股関節にかかるため、より大殿筋を強く使うことになる。この動きも、最初は少し動かす程度でOK。トレーニングを続ける中で大きく動かしても骨盤を止めていられるようにしていこう。10回連続でぐらつかなければ合格。

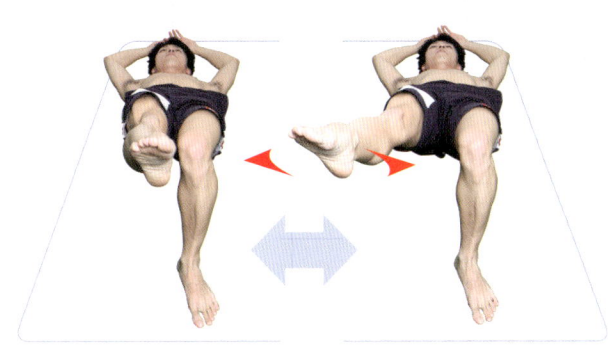

レベル4
骨盤上げ下ろし

　大殿筋でしっかり骨盤を止められるようになったら、最後は骨盤そのものを上げ下ろししてみよう。片脚を上げた状態で、反対側の大殿筋を使って骨盤を上げ下ろしする。レベル3までは骨盤を上げたままのため、大殿筋の収縮や骨盤のねじれがわかりやすい。しかしこのように片側の股関節を動かしてみると、真っすぐ動かすのはなかなか難しいはずだ。大殿筋でよりしっかりとコントロールしなければならないため、強さよりも骨盤を真っすぐキープしたまま股関節を動かせるかどうかが重要になる。

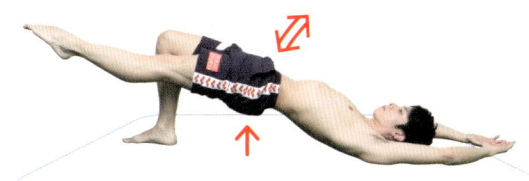

✕ **NG**
骨盤がねじれている

　片脚バックブリッジが両脚バックブリッジと大きく異なる点は、骨盤のねじれやすさ。片脚になった瞬間、非常に不安定になる。写真のように骨盤がねじれて上げた脚が開かないよう注意しよう。

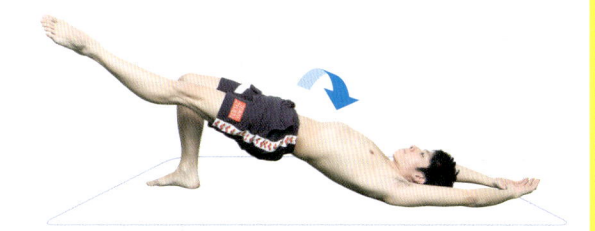

サイドブリッジ（外側）

体幹を固定しながら脚を動かす

腹の横側の筋肉で上半身を維持し、殿筋を使って脚を動かす

　外側ブリッジで使うのは、外腹斜筋、内腹斜筋、腰方形筋、そしてそれらの下にある腹横筋といった体の横側の腹筋群だ。これらの腹筋を使って上半身を真っすぐキープすることがとても重要になる。また脚を上下に動かす時には、大殿筋や中殿筋といった尻の筋肉を使う。太も

もの外側には大腿筋膜張筋、腸脛靱帯という筋肉や靱帯があるが、実はこれら外ももの部分は力みの原因にもなるため、あまり使いすぎないほうがいい筋肉といえる。姿勢が悪かったり、殿筋群を使えなかったりすると太ももの外側の筋肉を使ってしまうため注意しよう。

①基本動作

　写真のように横向きになり、肘と膝で身体を支えた状態が基本姿勢。肘は肩の真下あたりに着き、上半身をなるべく真っすぐにする。腹横筋や腹斜筋に力が入っていないと、上半身が曲がりやすい。下腹部を凹ませ、体幹を固定することを意識しよう。左右どちらも大事だが、よりしっかりと固定が必要になるのは、床側の腹筋だ。固定できたら、上の脚をゆっくり上げていこう。上半身は真っすぐキープしながら、上げ下げをゆっくり繰り返す。高く上げすぎると上半身がぐらつきやすいため、姿勢が安定できる範囲で動かすこと。上げる側も支える側も、尻の殿筋を使うことを意識するといい。

腹筋

中殿筋

中殿筋

下腹部を
凹ませる

上から見た形

この時の状態を上から見ると、左のいい姿勢は骨盤が真っすぐで膝から頭までの部分が一直線になっており、下腹部を凹ませてしっかり固定できているのがわかる。一方、右のNGは股関節が曲がり、上半身が前へ突き出ている。これでは大殿筋や中殿筋に力が入りにくく、外ももの筋肉に力が入りすぎてしまう。また腰を反るのも腰痛を起こす危険性が高くなるので×。真っすぐの状態をキープできているか、確認しながら行おう。

○ **OK**　✕ **NG 股関節が曲がっている**

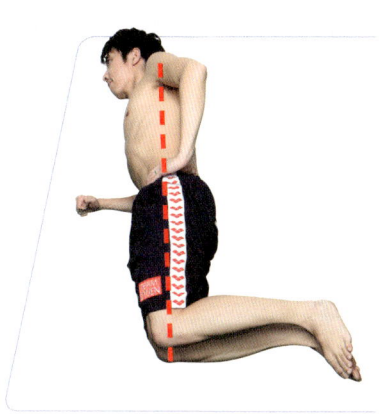
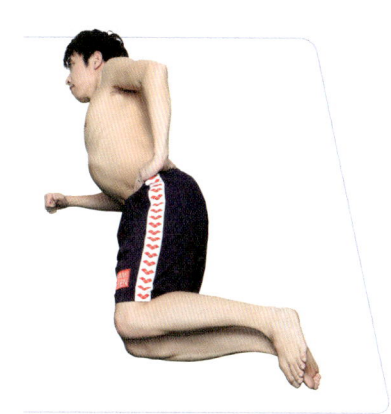

②上級編

肘と膝でしっかり支えられたら、次は肘と足で支えてみよう。支える場所を膝から足にするだけで、運動強度がかなり上がる。基本動作と同じく、前から見た時に身体全体が真っすぐ固定できていることが大事。この基本姿勢がとれたら、脚を上にゆっくり上げていこう。大殿筋と中殿筋を意識して動かすが、運動強度が高く、膝を伸ばしているため、外ももの筋肉も使うことになる。注意するのは、「殿筋をしっかり使ったうえで、外ももの筋肉を使う」ということ。外ももの筋肉を使ってはいけないのではなく、「外ももだけにならない」ことが大事だ。

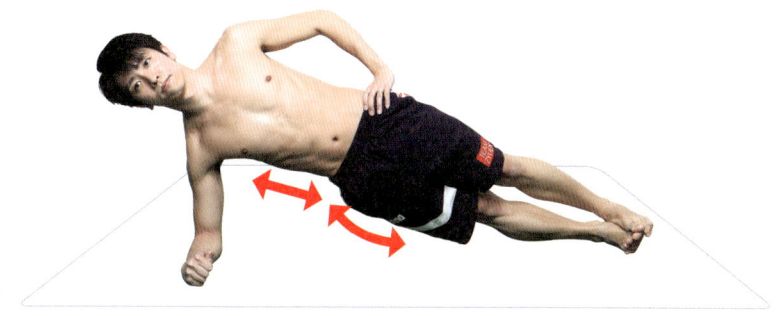

アドバイス

このトレーニングは少し難しいメニューだが、注意点は基本編とほぼ同じ。下腹部を凹ませること、殿筋群を使うこと、そして何より良い姿勢で行うことが重要になる。これらの大事なポイントを、いろいろな姿勢や動きの中で注意して行うことが、応用編のトレーニングになる。最初は鏡などを見たり、チームメイトに姿勢を確認したりしてもらいながら行うといいだろう。

サイドブリッジ（内側）

上半身と下半身をつなぐ筋肉をバランスよく使う

内転筋と腹斜筋の関係

太ももの内側にある内転筋は、大腿骨と骨盤の間にあり、肋骨（胸郭）と骨盤の間にある腹斜筋と対になる形で、骨盤にある「恥骨」といわれる部分につながっている。左の内転筋と右の腹斜筋は恥骨を挟んで反対側にあるが、筋肉の向きは同じ方向のため、矢印のように同じ方向に収縮する。これは、先に説明した上半身と下半身のバランスをとる際に同時に働いている前斜系のアウターユニットで、内転筋と腹斜筋も、上半身と下半身をつなぐ大事な筋肉なのだ。ここで紹介する内側ブリッジは、その2つの筋肉を同時に、バランスよく使うためのトレーニングになる。

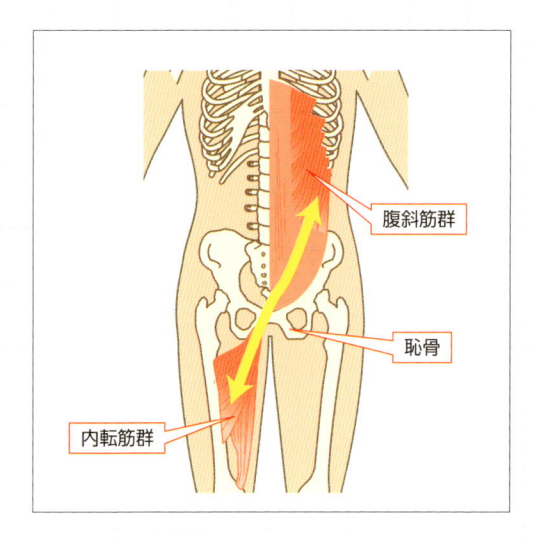

腹斜筋群

恥骨

内転筋群

①スタート姿勢

横向きに寝て、上側の脚をパートナーが立てた片膝の上に乗せる。下腹部を凹ました状態（ドローイン）で、脇腹全体で支えられるよう、体幹部分を一直線にキープしよう。膝にしっかり力を入れて伸ばすことも意識しよう。

↑
下腹部を凹ませる

アドバイス

内転筋と腹斜筋のつながりは、上半身と下半身を連結するとても大事な関係になる。特に平泳ぎで太ももの内側に問題が出る選手は、このバランスが崩れている可能性がある。しかし逆にいえば、問題がある内転筋の反対側の腹筋をしっかり鍛えれば、内転筋の問題を解消できる。人間の身体は、一部の部位だけが強ければいいわけではなく、バランスが重要なのだ。

②骨盤と床側の脚を浮かせる

スタート姿勢から、床側の腹斜筋と上側の内転筋を使って骨盤を持ち上げよう。この時メインで使うのは、腹斜筋と内転筋。特に内転筋にかかるストレスが大きいので、膝が痛くなったり脚がつりそうになる場合は、脚を浮かさなくてもいい。この内側ブリッジでは、腹斜筋と内転筋がバランスよく働いていれば、どちらかが極端に疲れたりすることはない。内転筋が極端に疲れるのは腹斜筋が弱い可能性があり、逆に腹筋ばかり疲れるのは内転筋がうまく働いていない可能性がある。そうした問題が出る場合は、このトレーニングに必要な腹斜筋の筋力が不足している可能性があるため、より負荷の軽いトレーニングで腹斜筋を強化してから取り組むようにしてほしい。

内転筋

腹斜筋

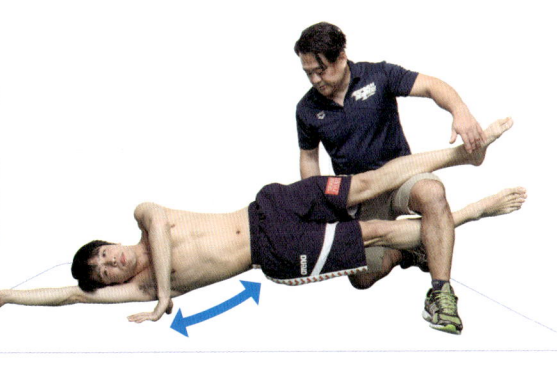

✕ NG
骨盤だけが上がって上半身を持ち上げられていない

骨盤だけが上がっていて上半身がしっかりと持ち上げられていない。腹斜筋で支えることができず、内転筋だけでがんばろうとすると、このような持ち上げ方になる。内転筋を痛める可能性があるので、無理に床側の脚を持ち上げようとせず、まずは床に着けたまましっかり脇腹を使って支えるようにしよう。

上から見た形

⭕ **OK**

✕ **NG**

内側のハムストリングスで上げると、身体が上を向いてしまう。

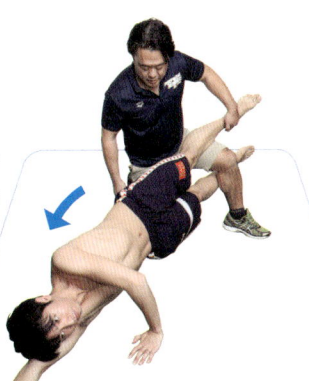

フロントブリッジ（肘−足背）

骨盤を安定させた状態でキックを打つ

水を蹴る感覚に近いトレーニング

16〜17ページで、キック動作の際に腹筋で骨盤を安定させることの重要性を説明した。このキックを打つ時の腹筋の使い方をイメージするうえで有効なのが、今回紹介するストレッチポールを使ったフロントブリッジだ。水泳用に特化したスタビライゼーショントレーニングで、足元にストレッチポールを置くことでより不安定性が増し、足で水を蹴る感覚に近づけて行うトレーニングになっている。

①基本動作

まず肘−足背での基本姿勢をとる。上半身は肘で支え、足の下にストレッチポールを置いて、膝を伸ばして肩から足までを一直線にキープしよう。腹筋から太ももの前、脛まで、全体の筋肉を使って支える感覚が重要だ。

一直線をキープ

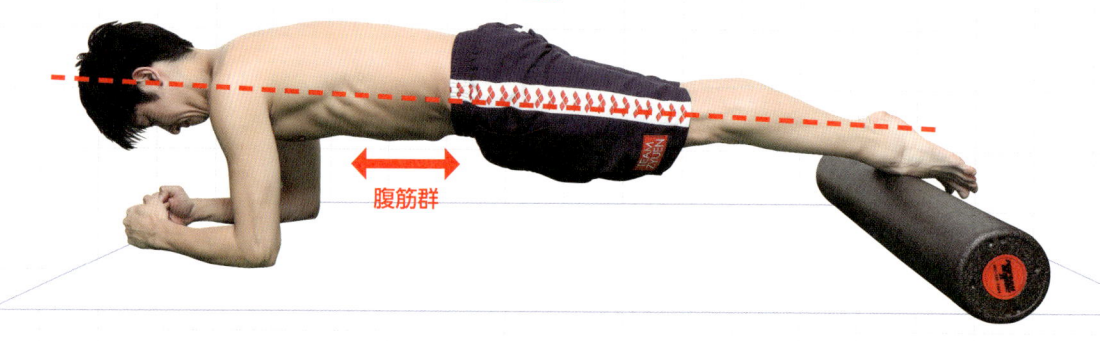

腹筋群

アドバイス

このトレーニングは難度の高い応用編だが、足背で支える感覚は、非常に水泳的なものだ。多くの代表選手もレース前などに行っており、この感覚がいい時はキックの感覚もいいという意見が聞かれる。

ただし、基本のスタビライゼーションができていないと、腹筋や股関節をうまく使うことができない。どこかが極端に力んでしまう場合は、この前段階のスタビライゼーションを復習してから行うようにしよう。

②脚を浮かせる

基本姿勢を維持できるようになったら、腰が動かない範囲で脚を浮かせてみよう。支えている側の脚から腹筋にかけて、収縮感が伝わっているのがわかるはずだ。この「全体でまんべんなく支えている」感覚が重要になる。決して大きく動かせばいいというわけではないので、注意してほしい。

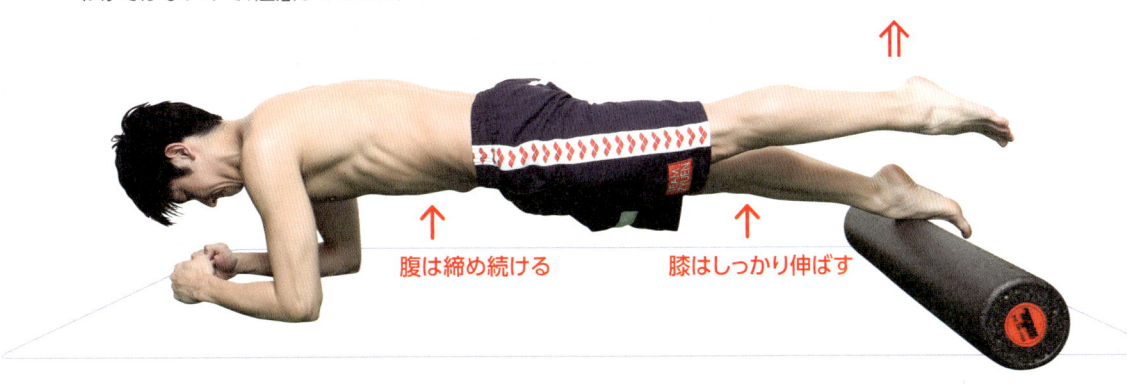

⬆

腹は締め続ける　膝はしっかり伸ばす

足の位置で強度が変わる

ストレッチポールにあてる足の場所は、慣れるまでは足首の手前あたりで支えるようにしよう。そのほうが股関節や膝など脚の根本部分を固定する感覚を得やすい。そこから足の甲の部分で支えられるようになると、キックで水をとらえる感覚により近づけることができる。ただし、かなり運動強度が高くなるので、注意しながら行うこと。

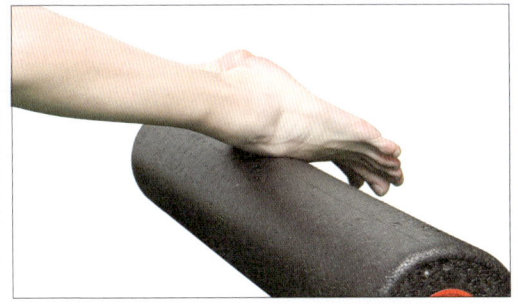

✕ NG
脚を上げすぎて腰が反っている

脚を上げすぎたり、腹筋での固定が不十分だと、腰が反ってしまう。まずは腹筋、特に横側の筋肉をしっかりと収縮させ、体幹を固定してから脚を浮かせるようにしよう。逆に、腹筋を意識しすぎたり、股関節の前側にある腸腰筋などをうまく使えないと、腰が丸まった姿勢になる。また、肩に力が入りすぎるのも肩甲骨が開いて背中が丸まりやすくなるので×。肩甲骨は少し寄せ気味にして、股関節の前側をしっかり伸ばして全体で支えるようにしてみよう。

ダンゴ虫エクササイズ

キックを打つ際に下腹部の腹筋を使えるようにする

太ももの筋肉と腹筋をバランスよく使う

本項で紹介する「ダンゴ虫エクササイズ」は、体幹をダンゴ虫のように丸めるため、キック動作の際の体幹の状態とはかなり異なる。しかし、太ももの筋肉と腹筋をバランスよく使わなければ上手にできない動作であり、キックを打つ時に腹筋を使えるようにするトレーニングとしては非常に有効だ。太もも前側の筋肉が疲れやすいと感じる人は、ぜひ実践してみてほしい。

①基本姿勢

まずはスタート姿勢。仰向けになって身体を丸め、脚を上げて頭を両手で抱えて、膝と肘をつける。腹筋に力が入って丸まっている状態だ。パートナーは足の甲に手をかける。

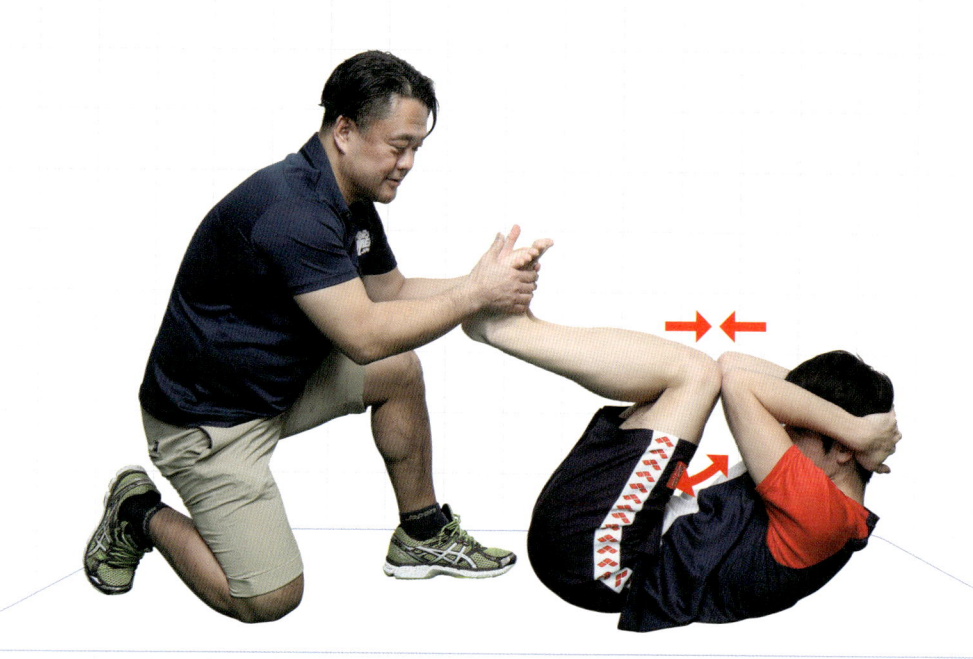

アドバイス

このトレーニングで太ももの前側ばかり使ってしまう人は、太ももの筋力と腹筋のバランスが悪い可能性が高い。そうした場合は、いま行っている腹筋トレーニングの強度が低いのかもしれないので、少し負荷を上げてやり直そう。ダンゴ虫トレーニングで身体を軽く丸め続けられるようになるまでがんばってほしい。

②パートナーが動かす

　パートナーは身体が丸まったことを確認したら、両手で脚を手前に引っ張っていこう。トレーニング者はこの引っ張る力に負けないよう、腹筋に力を入れて身体を丸め続ける。膝と肘が離れないよう、くっつけ続けること。身体を丸めたままキープできれば、上半身が自然と浮いて起き上がる。パートナーはこのように引いたり戻したりを数回続け、トレーニング者はがんばってダンゴ虫のように丸まり続けよう。肘が膝から離れたり、腹筋ではなく太ももの前の筋肉を使ってしまったりしたら終了する。

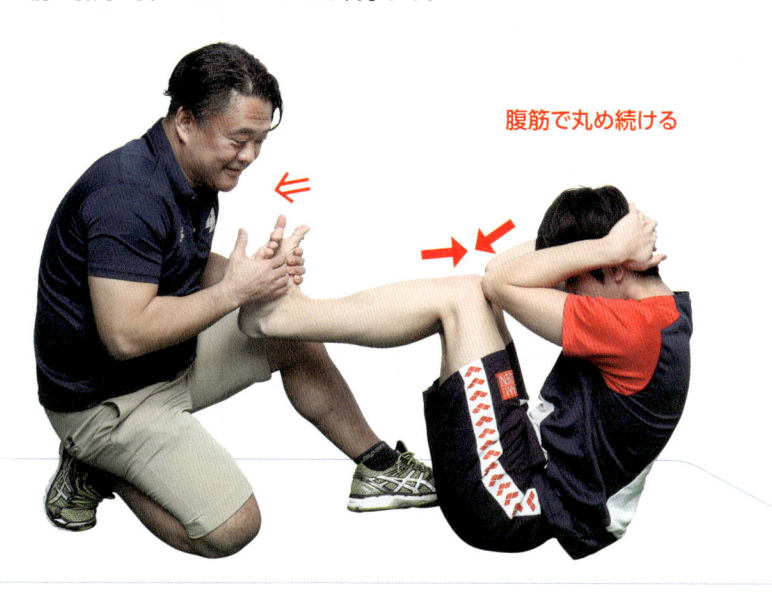

腹筋で丸め続ける

✕ NG
太もも前の筋肉を使いすぎている

　このように膝が90度以上伸びてしまうのは、太ももの前の大腿四頭筋を使いすぎている状態だ。腹筋が弱い人の特徴でもある。キックでいつも太ももが疲れるという人は、この動きに気をつけよう。なお、肘が膝に届かず下がってしまう人は、腹筋の上側しか使えていないため上半身を起こす力が弱い証拠。また膝が90度以上曲がってしまう人は、身体を丸めやすくするために膝を曲げており、腹筋ではなく太もも裏のハムストリングスを使っている。腹筋のトレーニングとしては効果が下がるので注意しよう。

バーチカルトランク・バーチカルレッグ

キック時の腹筋の使い方の感覚を身につける

すべての腹筋を働かせて脚を止める

　ここで説明する「バーチカルトランク」と「バーチカルレッグ」は、股関節から体幹を動かしつつ、上半身と下半身を連動させるトレーニングで、メインに使う筋は腹直筋である。これまで「腹直筋はなるべく使わずに気をつけよう」と説明してきたため、「おや?」と思う人も多いだろう。

　しかし、正しくは「腹直筋だけ」を使うのが問題であり、腹直筋を使ってはいけないわけではない。これまでのトレーニングで腹直筋以外の筋肉をきちんと働かせられるようになっていれば、このトレーニングを行っても、腹直筋だけでなくすべての腹筋を使うことができるはず。それこそが望ましい腹筋の使い方だ。

①バーチカルトランク（ボールキャッチ）

　まずは体幹から下半身までを連動させながら大きく動かしてみよう。上向きに寝た状態でパートナーの足首を持ち、胸郭リフトのように胸郭から脚を持ち上げる。パートナーは、ちょうど足で挟めるくらいのところに

ボールを持つことで、体幹全体の運動を引き出すことが可能になる。足でボールを挟んだら、背中を上から順番に床に着けるように降ろしていき、脚を床に着く少し前まで降ろしたらふたたび上げてボールを受け渡す。

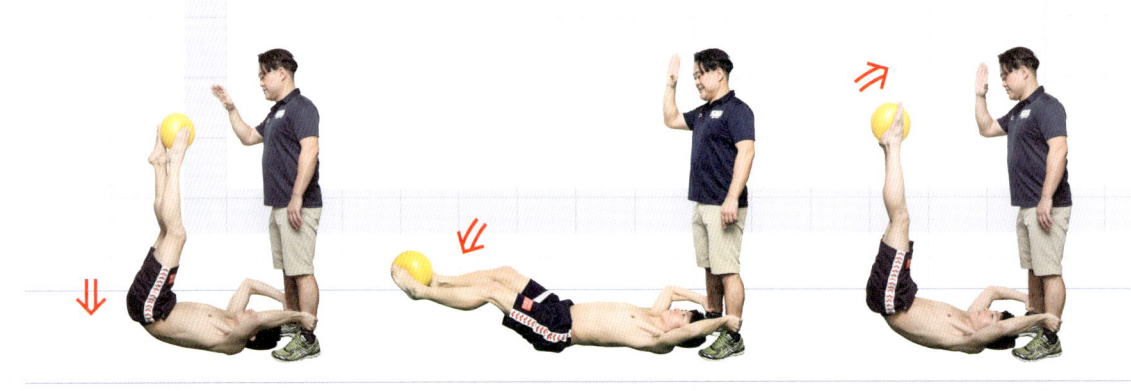

②バーチカルレッグ（プッシュ）

次に抵抗を加え負荷を上げていこう。バーチカルトランクと同じ姿勢で、膝はしっかりと伸ばすこと。両脚をそろえて股関節を曲げた状態からスタートし、上がっている脚をパートナーが押す。太もも前にある大腿四頭筋に力が入るが、同時に腹筋でブレーキをかけてスピードをコントロールしよう。この時、絶対に腰が反らないように注意。パートナーは、相手の腹筋の力に合わせて押す力を加減する。脚が床に着く前に腹筋の力でストップさせ、そこから腹筋を使って両脚を持ち上げる。スタート姿勢に戻るまでが１セット。これを繰り返す。

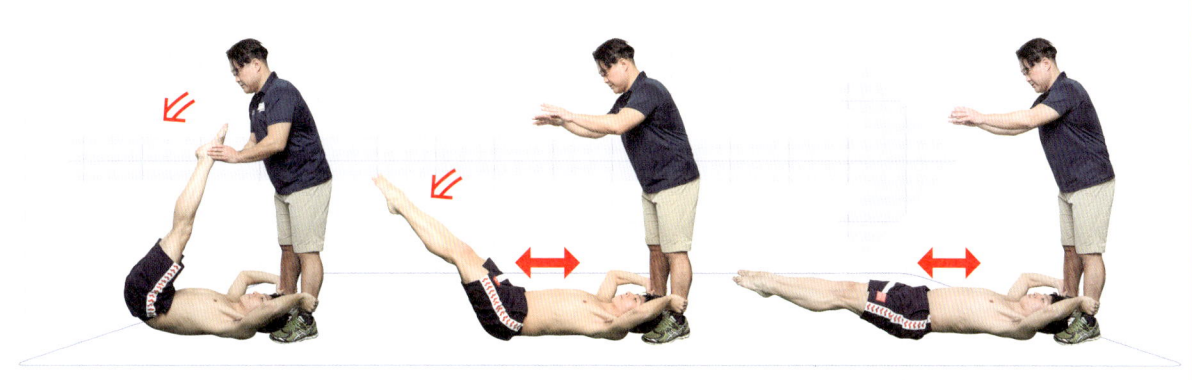

✕ NG 膝が曲がる 腰が反る

膝が曲がると、腹筋のトレーニングとしての効果が下がる。しっかり力を入れて、膝が曲がらないよう維持しよう。また腹筋の固定が弱いと腰を反ってしまい、痛める危険性があるので注意すること。

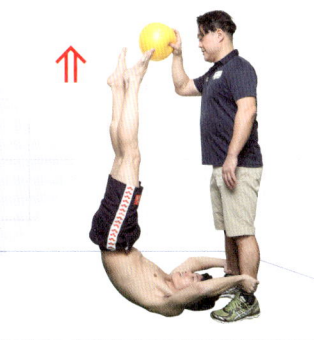

アドバイス

このトレーニングのポイントは、「腹筋で脚の動きにブレーキをかける」ということ。水泳のキックの際に腹筋を使う感覚に近いため、脚で水をとらえる感覚が高まり、より効率のいい推進力を得られるようになる。なお、腰を反らずに行うことがもっとも重要なので、気をつけて取り組んでほしい。

サスペンショントレーニング ①内側ブリッジ

不安定な状態で横腹を使って体幹を固定する

内転筋と腹斜筋を同時に働かせて身体を支える

36 ～ 37ページの「サイドブリッジ」で説明したように、太ももの内側にある内転筋と腹部の横側にある腹斜筋群は、骨盤の恥骨という部分につながっている。そして左の内転筋と右の腹斜筋群は恥骨を挟んでちょうど反対側にあり、同じ方向に収縮する。今回紹介する内側ブリッジは、この内転筋と内外の腹斜筋を同時に使って身体を支えるトレーニングだ。

サスペンションを使った内側ブリッジは、手の位置を変えることで運動の強度を変えることができる。手を上げるとやりにくい場合は、手の位置を下げて行ってみよう。横腹に力が入りやすくなるはずだ。逆に強度を上げたい場合は、肘を着いてバランスをとる方法もある。より不安定な姿勢になるので、トレーニング強度が高くなる。いずれにせよ水泳で大事なのは、「手を上げて腹筋に力を入れること」。まずは手を上げた姿勢でしっかりできるよう練習しよう。

①スタート姿勢

横向きに寝て、サスペンションを膝下に引っ掛ける。なるべく膝に近いところに引っ掛けたほうが、内転筋や腹筋に力が入りやすい。床側の手は頭方向に上げ、反対側の手を身体の前に着いて安定させる。最初のうちはこの手を着いておかないと、グラグラして力が入りにくいだろう。

②骨盤を浮かせる

スタート姿勢がとれたら、骨盤を浮かせていく。床側の腹筋に力を入れ、支えている膝にもしっかり力を入れること。余裕があれば床側の脚を浮かせ、揺れないようしっかり1秒間キープし、下ろす。上げ下ろしをゆっくり10回できれば合格。左右交互に2セット程度繰り返す。

ポイントは、頭のほうから見た時に、身体が真っすぐになっていること。腰を反ったり、股関節が曲がったりしないよう気をつけよう。もし腹筋に力が入りにくい場合は、少し前のめりになってもOK。もっとも重要な床側の腹筋の収縮感を意識して行おう。

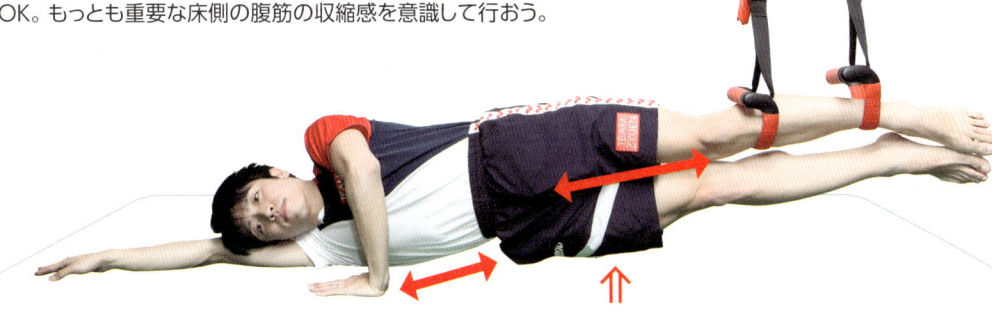

第2章 下半身トレーニング基礎編（股関節・体幹）

✕ NG① 体幹が曲がっている

骨盤は浮いているが、床側の腹筋の収縮が足りないため、横腹をしっかり浮かせられず体幹が曲がっている。床側の腹筋が弱いとこのようになり、内転筋への負担が大きくなりすぎてしまう。脚だけでなく横腹にもしっかり力を入れて浮かせるようにしよう。

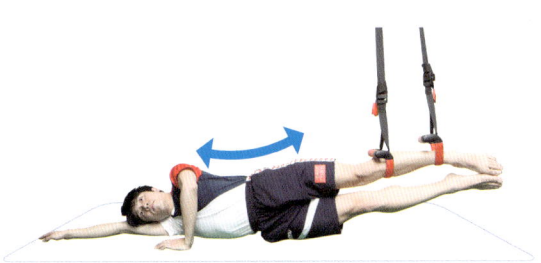

✕ NG② 上向きにねじれている

軸がぶれて身体を真っすぐにキープできないと、股関節が曲がって上向きにねじれたり、腰を反ってしまったりしやすい。このトレーニングの目的は、体幹をしっかり固定すること。身体を真っすぐキープできない場合は、回数にこだわらず終了しよう。

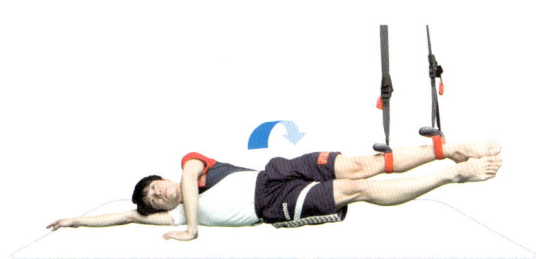

アドバイス

36〜37ページではパートナーに脚を支えてもらう形を紹介したが、サスペンションを使うことで1人でも簡単にトレーニングを行うことができる。またサスペンションにぶら下がった状態で行なうため、不安定な体勢を止めてトレーニングすることになり、より強度が高く、かついろいろな細かい筋肉まで使ってトレーニングすることが可能になる。

ただしその分、NGの姿勢になりやすく、内転筋や腰を痛める可能性もある。初めはゆっくり、しっかり力を入れたことを確認してから動かすようにしよう。

サスペンショントレーニング ②内側ブリッジ前後スイング
水中環境に近い三次元で体幹をコントロールする

立体的に身体を使って体幹を固定する

水中で泳ぐ動作と、陸上での動きとのもっとも大きな違いは、「支点」がないことだ。水中では地面に身体が接している点がないため、水に浮いた不安定な状態で身体をコントロールしなければならない。実際、泳いでいる時の姿勢を見ると、自分では真っすぐだと思っていても、ねじれていたり横に曲がっていたりすることがよくある。そのように水中では、前後や左右など決められた方向だけに身体を使えるわけではなく、全身を三次元的に使っているわけだ。

この三次元的な身体の使い方に非常に近いのが、ここで紹介するトレーニングだ。前項で解説した横向きに身体を浮かせた状態から、脚を前後にスイングすることで、横方向の力が身体に加わる。この振動を止めるようにコントロールすることで、「横+前後=ねじれ」という立体的な身体の使い方になり、3Dでのトレーニングが可能になる。非常に難しいが、水中環境に近い感覚でのトレーニングを、陸上で行えるとても効果的なメニューだ。

①スタート姿勢

前項と同じように横向きで上側の脚をサスペンションに通し、骨盤と床側の脚を浮かせる。最初のうちは手を使って支えてもいいが、あまり頼りすぎないようにしよう。

②下の脚を前後に振る

　次に、床側の脚を前後に振ってみよう。最初はゆっくりと、なるべく前後同じ大きさで動かすことを意識する。慣れるまでは体幹がグラグラぶれない程度に小さく振り、できるようになってきたら徐々にスイングを大きく、速くしていく。大事なのは体幹を真っすぐ止めることであり、脚を大きく振ればいいというものではない。脚を振る筋肉よりも、体幹を止める筋肉のほうが重要だということを意識しながら行おう。

第2章

下半身トレーニング基礎編（股関節・体幹）

✕ NG① 上向きにねじれている

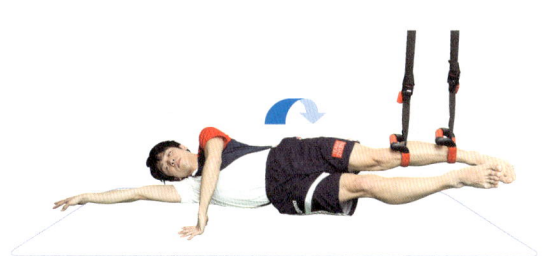

✕ NG② 下向きにねじれている

　これらはいずれも脚を動かした時のNG例。脚の動きに引っ張られて、身体が上向きにねじれたり、逆に下を向いて腰を反ったりしている。体幹でうまく固定できないため、身体が振られて回っている状態。体幹のトレーニングにならないし、内転筋や腰を痛める危険性もある。真っすぐな姿勢をキープするよう意識しながらやってみよう。

アドバイス

　ここで紹介したのは非常に難しいトレーニングで、負荷の大きさというより、身体の使い方が難しく感じるはずだ。力のかかり方が複雑なため、慣れないとコントロールが難しい。なお、膝の内側に痛みがある人は、無理をすると痛みがひどくなる可能性があるので、十分に注意すること。太ももあたりでサスペンションを支えるようにすると、痛みなくトレーニングができる。

サスペンショントレーニング ③バックブリッジ上下スイング

より水泳に近い膝を伸ばした状態でのバックブリッジ

膝を伸ばした状態でも大殿筋を使えるように

サスペンションを用いたバックブリッジは、仰向けになって背中側の筋肉で支えるトレーニングで、大殿筋をメインに太もも裏のハムストリングスや背中の広背筋も使って身体全体を安定化させるメニューになる。30～31ページで紹介したバックブリッジは仰向けの姿勢で膝を曲げて骨盤を浮かせるトレーニングで、殿筋群を鍛えるのに有効だが、実際に泳ぐ時は膝を伸ばした状態で股関節を動かすことのほうが多い。その点で、膝を伸ばした状態で大殿筋をしっかり使うこのトレーニングは効果的だ。

①スタート姿勢

まず片脚をサスペンションに入れて骨盤を浮かせる。膝に近いところで支えたほうがハムストリングスを使いすぎず、大殿筋をしっかり使うことができる。腰を反らず、背中を真っすぐキープすること。肩から脚までが一直線になるよう意識しよう。慣れるまでは手を身体の横に置き、腕の力も使って支えると、胸が丸まりにくい。慣れてきたら徐々に腕で支える力を減らしていこう。

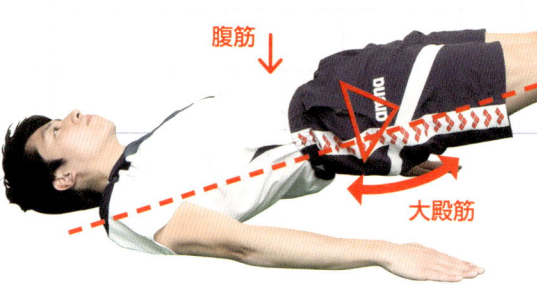

腹筋↓

大殿筋

②基本動作

支えている脚と反対側の脚を上下に振っていく。脚を上に振ると腰が下がりそうになり、逆に脚を下げると腰が反りそうになる。体幹がぐらつかないよう、殿筋や背中に加え、腹筋にもしっかり力を入れて固定することを意識しよう。最初は大きくスイングする必要はなく、体幹がぐらついたり曲がったりしない範囲の幅で動かすこと。10回安定してスイングできれば合格。

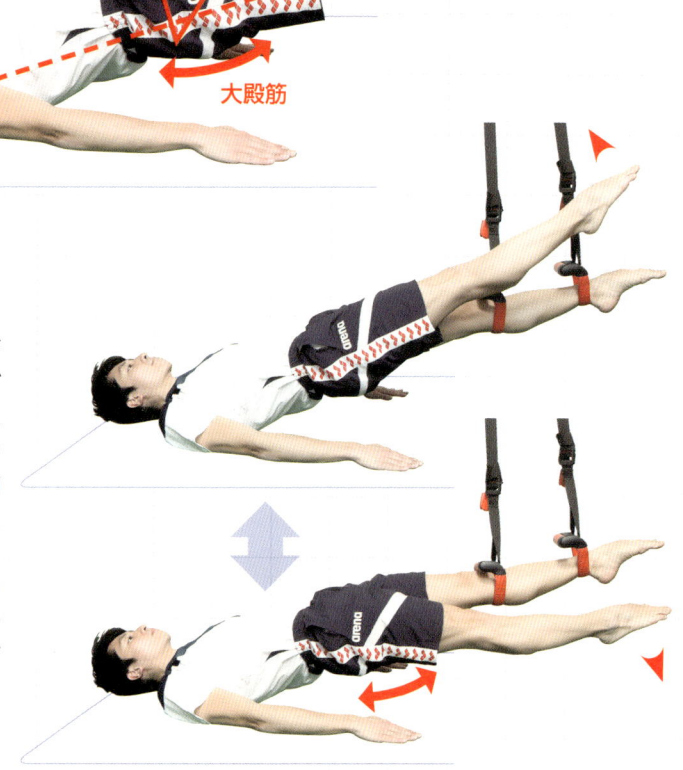

③上級編
（腕を上げる）

　基本動作に慣れてきたら、両手の位置を頭の上にしてトライしよう。腕で床を押すことができないので広背筋が使いにくくなり、より大殿筋で支えることが求められる。また、水泳は両腕を上げた姿勢で行う競技なので、この姿勢で体幹を固定できるようになることが重要。ここまでできるよう、地道にトレーニングを重ねよう。

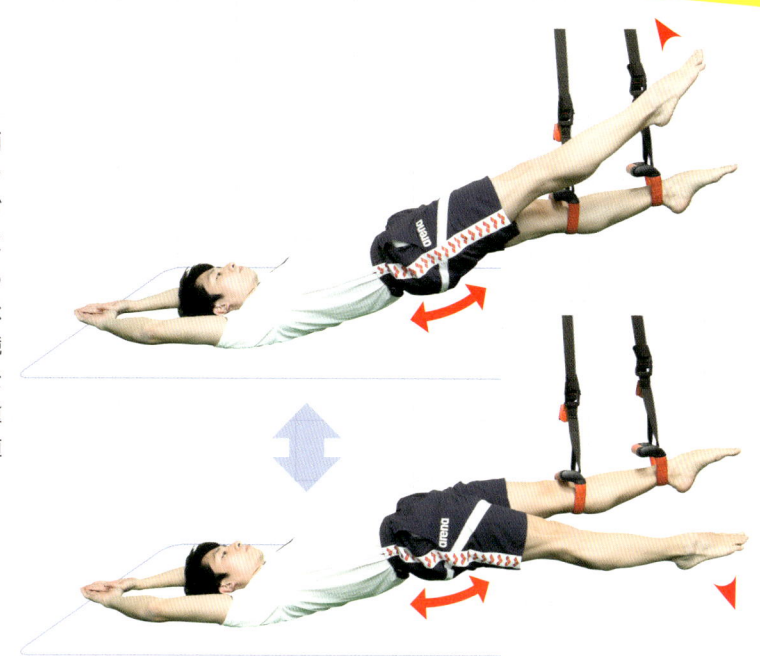

✕ NG①
下向きにねじれている

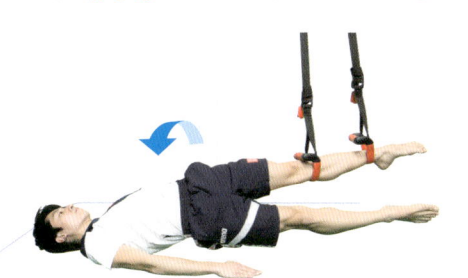

✕ NG②
上向きにねじれている

　脚を上下にスイングする際、背筋群をうまく使えないと背中が丸まり、腹筋群の固定力が小さいと腰を反ってしまう。腹も背中も常に固定し続けることが重要だ。またサスペンションで支えている側の脚の固定も大事なポイント。脚のスイングと一緒に股関節が動いてしまうと、写真のように体幹が回旋してしまう。これではトレーニングの意味がなく、しっかり固定できる範囲でスイングして、全体的に身体を使うようにしよう。

アドバイス

　バックブリッジのように足が床に着いていればふんばって固定できるが、サスペンションを使うとそれができない。この不安定な感覚の中でしっかりと真っすぐの姿勢をキープすることが、水泳において有効なトレーニングになる。この時、膝を伸ばしているので太もも裏のハムストリングスも使われるが、大殿筋を使ったうえでハムストリングスも使うことが重要。尻の筋の収縮感があまりないままハムストリングスを多く使ってしまう場合は、バックブリッジに戻って再度トレーニングするようにしよう。

サスペンショントレーニング ④バックブリッジ左右スイング

体幹と股関節のさまざまな筋で横方向の動きをコントロールする

中殿筋や内外腹斜筋で横方向の動きを制御

前項に引き続き、仰向けでサスペンションを用いて行なうスタビライゼーショントレーニングを紹介する。今回は左右のスイングで、よりバランスをとるのが難しい動きになるため、正しい方法で行うよう注意しよう。

このトレーニングで使う筋肉は、上下スイングと同じ大殿筋や広背筋、腹筋群。しかし今回は横に動かすため、より横側の筋肉を使ってバランスをとることになり、股関節を固定するために、大殿筋だけでなく外側の中殿筋や内側の内転筋も多く使う。また横側にある内外の腹斜筋も使われ、多くの筋肉を使って身体をコントロールする必要がある応用的なトレーニングとなる。

①基本動作

基本姿勢は前項と同じ。片脚をサスペンションに通して、骨盤を浮かせる。肩から足先まで一直線になるよう意識しよう。そこから、支えていない側の脚を、左右に開いたり閉じたり動かす。支えている側の脚や骨盤はなるべく動かさないようにして、最初はゆっくり動かす。上下スイングより固定が難しく、骨盤も横に揺れやすいはずだ。背中の筋肉で姿勢を維持しつつ、中殿筋や腹斜筋など身体の横側の筋肉も使ってグラつかないよう固定しよう。このトレーニングの目的は、真っすぐの姿勢を維持しながら揺れをコントロールすること。脚を大きく動かせばいいというものではないため、真っすぐ、揺れにくい幅で動かすことから始めよう。

②上級編（腕を上げる）

慣れてきたら、両手の位置を頭の上にしよう。腕力で床を押さえて身体を固定することができなくなるため、大殿筋での支持性が求められ、より体幹の安定性が必要になる。この姿勢でトレーニングすることが、水泳には非常に効果的だ。

✕ **NG**
骨盤がねじれている

　骨盤が横へ揺れるのをがんばって抑えようとすると、骨盤がねじれたり、腰が反ったりしてしまう場合がある。殿筋群が弱いため太もも裏のハムストリングスで支えたり、腰を使いすぎたりすると、このようになりやすい。こうした場合はまず基本姿勢に戻り、骨盤が真っすぐの位置にあるかどうかを確認しよう。この正しい基本姿勢をキープしたうえで、できる範囲で脚をスイングすること。もしそれでも斜めになってしまう場合は、バックブリッジに戻って大殿筋の固定力を向上させてから取り組むようにしよう。

アドバイス

　これは特に平泳ぎの選手に試してほしいトレーニングだ。たとえば平泳ぎのキックで左右差があったり、脚が横に向いてしまう人は、このトレーニングをすると同じような傾向が出やすい。それを自覚し、克服するために、このメニューに取り組むことをお勧めする。

サスペンショントレーニング ⑤フロントブリッジ上下スイング

キック動作時に体幹が働いているかを確認

水の中に近い感覚で、キック動作に近い動きを行う

これまでも繰り返し述べてきたが、水泳でもっとも大事なのは「ストリームライン」だ。なるべく凹凸のない姿勢で泳ぐことで水の抵抗が少なくなり、効率のいい泳ぎができるようになる。水泳選手の中には、バタ足の時に腰が反ったり丸まったりする人が少なくないが、その原因の多くは、キック動作の時に腹筋による固定ができていないこと。腹筋を使って骨盤を固定できないと、キックを打つたびに骨盤が動いてしまい、力が水に伝わりにくくなる。腰を

痛める原因にもなりやすい。

このキック動作に近い動きを、水の中に近い感覚で練習できるのが、本項で紹介するトレーニングだ。サスペンションを使うことで水の中のような不安定な状態になり、その状態で姿勢を安定させたまま脚を動かすためには、腹筋をきちんと働かせなければならない。このメニューを観察すると、キック動作時に体幹がしっかり働いているかどうか確認することもできる。

①スタート姿勢

うつ伏せになり、肘を肩の真下に着いて上半身を支える。サスペンションで支える位置は、最初は膝に近い位置で支えると体幹を意識しやすい。慣れてきたら足首のみでOK。片脚をサスペンションで支え、両肘を使って身体を浮かせる。肩から支えている側の脚までが一直線になるよう姿勢を整えよう。この時、腰が反らないようしっかり下腹部を締めて体幹を安定させること。また肩に力が入りすぎると、背中が丸まったり肩が上がったりしやすい。その場合は肩甲骨を少し寄せ気味にするといいだろう。

胸は丸めない

腹筋

②脚を上下にスイング

　基本姿勢がとれたら、浮いている脚をゆっくり上下に動かしてみよう。支えている側の脚から肩までのラインを一直線にキープできるよう、しっかり腹筋を使うことを意識する。脚を上げた時に腰を反りやすく、下げた時に腰が丸まりやすいので注意。スイングの幅は身体がグラつかない程度で十分だ。

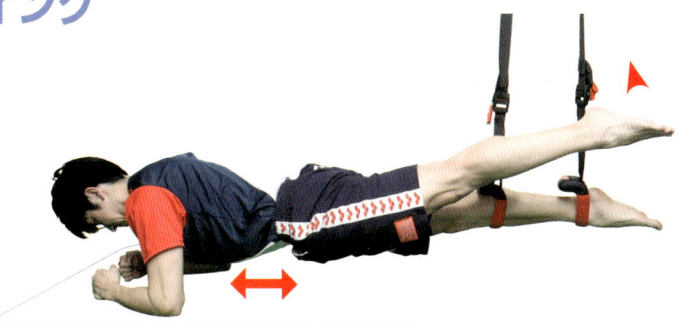

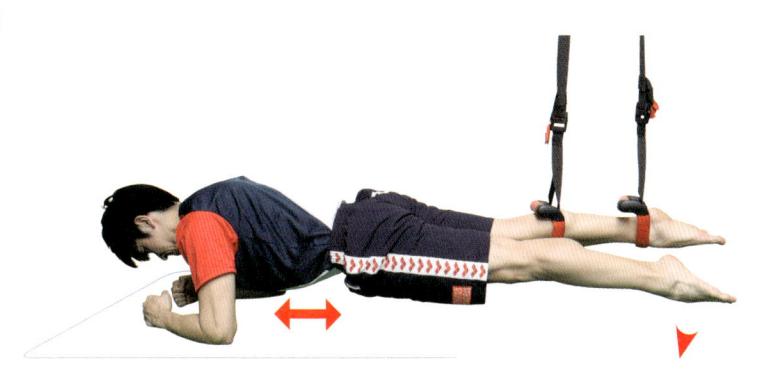

✕ NG①　腰が反っている

　腹筋による骨盤の固定が不十分だったり、脚を上げすぎたりすると、腰が反りやすい。まず腹筋（特に下腹部）に力を入れ、しっかり固定してから、グラつかない範囲で脚を動かすようにしよう。

✕ NG②　背中が丸まっている

　腹筋を意識しすぎたり、肩に力が入りすぎると、背中が丸まってくる。また、骨盤が不安定な状態で脚を動かすと、股関節がしっかり動かず腰が丸まりやすい。少し肩甲骨を寄せて、力まないように動かそう。

アドバイス

　キック動作がうまくいかない場合、脚に問題があると考えがちだが、腹筋と脚との連動や姿勢に原因がある場合もある。しかし、その問題点を水中で解決するのはなかなか難しい。このトレーニングのように、陸上で目に見える形で確認しながらトレーニングすることがとても効果的だ。

サスペンショントレーニング ⑥フロントブリッジ内外スイング

体幹横側の腹筋で横方向の動きをコントロールする

腕力や脚力ではなく腹筋の筋力が脚の動きを効率化する

前項の続きとして、脚を左右にスイングするメニューを紹介する。これは、特に泳いでいる時の姿勢に左右差があるといわれる選手に有効なトレーニングだ。自分の感覚では真っすぐだと思っていても、実は曲がっているということは少なくない。さらにこの時、腕や脚ではなく体幹が曲がってしまい、その影響で腕や脚が横を向いていることが少なからずあると考えられる。

体幹が曲がってしまう理由の1つは、体幹の横側にある内腹斜筋や外腹斜筋などの筋力に左右差があることが挙げられる。そこで紹介するのが、水中と同じような不安定な状態で横方向の運動を行うこのトレーニングだ。内外の腹斜筋を使って体幹が曲がらないようにコントロールすることが、このメニューのポイント。腕力や脚力ではなく、腹筋から腕や脚を動かす意識で行おう。

①スタート姿勢

基本姿勢は前項と同じ。肩の下に肘を着いて身体を支え、サスペンションは膝に近い位置で支える。慣れてきたら足首だけでもOK。片脚でサスペンションを支え、両肘を使って身体を浮かせる。肩から支えている側の脚まで一直線になるよう姿勢を整え、腰が反ったりぐらついたりしないよう、腹筋を使って骨盤を固定することを意識しよう。背中が丸まってしまう場合は、肩甲骨を寄せ気味にするといい。

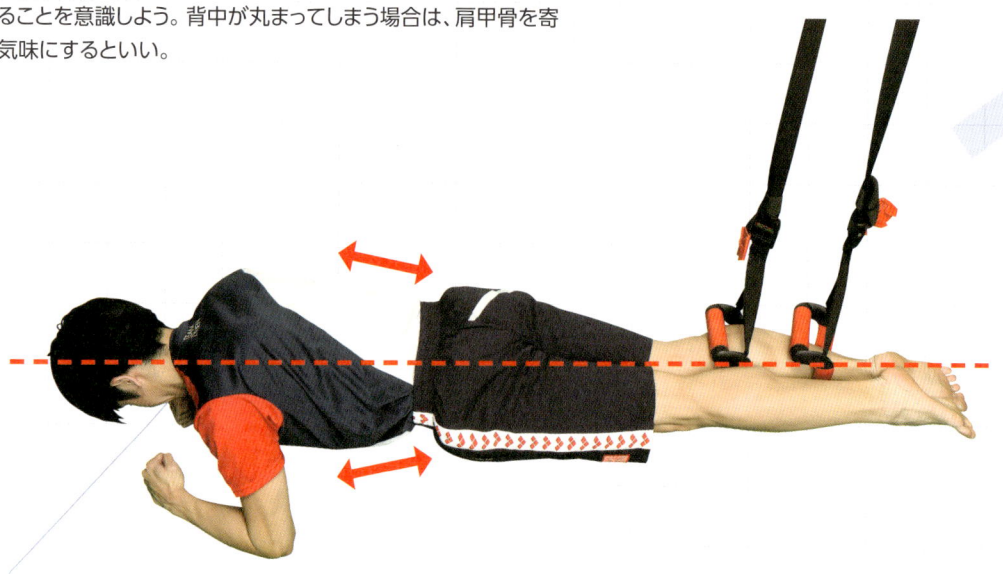

②脚を左右にスイング

　基本姿勢がつくれたら、浮いている脚をゆっくり左右に動かそう。支えている側の脚から肩までのラインを一直線にキープし、浮いている脚を開く→閉じるを繰り返す。スイングの幅は身体がグラつかない程度で十分。脚を広げた時、腰が横に揺れてグラグラしやすいので、最初は大きく動かしすぎず、揺れない程度の動きで行おう。

　この時、揺れないように体幹を固定するのが、左右に

ある内外の腹斜筋だ。横腹をしっかり収縮させることで、体幹を真っすぐキープできる。支えている腕や脚でいくらふんばっても体幹を固定することはできず、揺れは止まらない。また腹の真ん中にある腹直筋がいくら強くても、横方向の力を発揮することはできない。繰り返しになるが、水泳で体幹を安定させるには横腹が大事。ゆっくり10回ずつ、左右交互に2セット動かせるようになれば合格だ。

✕ NG
背中が横に曲がっている

　支えている側の腹筋の固定が不十分だったり、浮いている脚を横に広げすぎたりすると、背中が横に曲がったり、骨盤が横にずれたりする。まず腹筋に力を入れ、しっかり固定してから、グラつかない範囲で脚を動かすようにしよう。

アドバイス

　このトレーニングは、泳いでいる時の姿勢の左右差を確認したり、調整したりする時にとても効果的だ。横に動かすため、特に平泳ぎのキック動作の際の姿勢の左右差を陸上で確認できる。

前項でも説明したが、水中の問題点を陸上で目に見える形で確認しながらトレーニングすることは重要だ。ぜひ取り組んでみてほしい。

逆立ちバタ足

逆立ちの手上げ姿勢を利用したスタビライゼーション

水泳の姿勢に近い状態で脚と腹筋を連動させる

　一般的に体育の授業で逆立ちの練習をする際、パートナーは後ろ側に立ち、上がってくる足を持って介助する。しかし、実は体操選手の倒立介助は通常、前側から脚を持ち上げるように行う。前から脚を上げることで、腹筋をしっかり使いながら真っすぐ体幹を伸ばして倒立することが可能になる。また、後ろ側で支えると腰を反って背骨で支えるような姿勢になりがちだが、前から支えることで腰を反りにくくなり、機能的な倒立ができる。

　このメカニズムを利用したのが、逆立ちバタ足トレーニングだ。手を上げたオーバーヘッドポジションで、しかも前から脚を支えることで腹筋の収縮を促す。まさに水泳の姿勢そのも

のだ。そのうえで片脚を支えて片脚を動かすことで、バタ足キック動作での脚と腹筋の連動をトレーニングすることが可能になる。

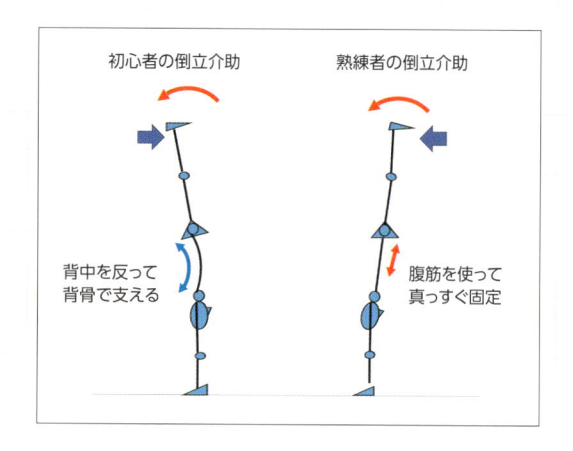

初心者の倒立介助　　　熟練者の倒立介助

背中を反って背骨で支える　　腹筋を使って真っすぐ固定

①スタート姿勢

　まず逆立ちの補助を前側から行おう。しっかり腹筋を使って、体幹が丸まったり股関節が曲がったりしないように気をつけながら逆立ち姿勢をとる。これが開始姿勢になる。

②基本動作

　片脚を前から支えた状態で、反対側の脚を股関節から前後にスイングする。膝は伸ばし、骨盤がグラグラしないようにしっかり腹筋で固定しよう。もちろん肩も動かさないように、しっかり肘を伸ばして支え続けること。

腹筋

腹筋を締める

③強度アップ

トレーニングの強度を上げたい場合は、支える脚の位置を少し下げる。下げれば下げるほど、体幹や股関節を曲げようとする重力の働きが強くなるため、スタビライゼーショントレーニングとしての強度が高まっていく。肩から足までが一直線をキープできる範囲で、足を下げてトライしてみよう。一見、足の位置が高いほうが運動強度も高いように錯覚するが、やってみると下げたほうが高強度であると理解できるはずだ。

✕ NG
股関節が曲がり身体が
一直線になっていない

このように股関節を曲げた状態でしか体幹を固定できなかったり、動かしている際に股関節が曲がってしまう場合は、そもそも腹筋や股関節前面の筋による固定能力が足りない可能性がある。もし真っすぐの位置を固定できないため曲げた状態で固定しようとしているのであれば、このトレーニングを行うだけの筋力がないと判断して、強度が低めのフロントブリッジを行うべきだ。

アドバイス

倒立運動、いわゆる逆立ち姿勢は、手を上げた状態で身体を支えており、オーバーヘッドポジションとして肩の位置がとても安定しているため、水泳のトレーニングとして効果的だ。さらにこのトレーニングのポイントは、サスペンションなどの道具がなかったり、設置できない場所でも、かなり強度の高い負荷をかけることができる点にある。工夫次第でトレーニングは可能なのだ。

単関節筋と多関節筋・近位抵抗と遠位抵抗

関節は筋肉によって動かされ、結果として身体が運動することになるが、筋肉には長い筋や短い筋などさまざまな種類があり、役目によって長さや形が違う。

まず、1つの関節のみをまたいでつないでいるのは「単関節筋」だ。単関節筋は短い筋肉で、関節を早く動かすことは苦手だが、関節の近いところについているため、関節を安定化させる役割があるといわれている。一方、2つ以上の関節をまたいでつないでいるのが「多関節筋」と呼ばれる筋肉で、単関節筋よりも表面にあり、大きくて長い筋肉のため、関節を早く動かすことに長けている。

多関節筋が、いわゆるウエイトトレーニングやスポーツの動作で使われる主役の筋肉であることは間違いない。もっとも、多関節筋だけが働いて単関節筋が働きにくい状態になると、関節がグラグラした状態で強度の高い運動をする

近位抵抗と遠位抵抗

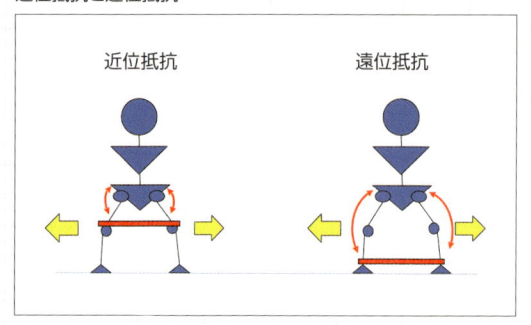

近位抵抗　　　　　　　遠位抵抗

ことになる。これではスムーズに身体を動かすことは難しい。

単関節筋と多関節筋は筋活動の特徴が異なるため、トレーニングのやり方も少々異なる。関節に近いところに抵抗を加える（近位抵抗）と、多関節筋が動きにくくなり、単関節筋を鍛えるのに適したトレーニングになる。一方、関節から遠いところに抵抗を加える（遠位抵抗）と、テコの柄が長いため負荷が強くなる。こうしたトレーニングは、多関節筋を鍛えるのに適している。

たとえば横方向にサイドステップする場合、足首にチューブを巻くと、太ももにある多関節筋が働きやすくなる。これに対し膝上にチューブを巻けば、股関節の単関節筋、つまり殿筋群が働きやすい。

負荷の場所によって使う筋肉が異なることを理解しておけば、鍛えたい筋肉によってトレーニングの方法を選択することができようになる。注意しなければならないのは、負荷が強すぎると単関節筋より多関節筋を使ってしまうということ。強度の高いトレーニングばかり行っていると、大事な単関節筋が働かなくなってしまう。単関節筋を鍛えたい場合は、抵抗が強ければ強いほど良いというわけでもないのだ。

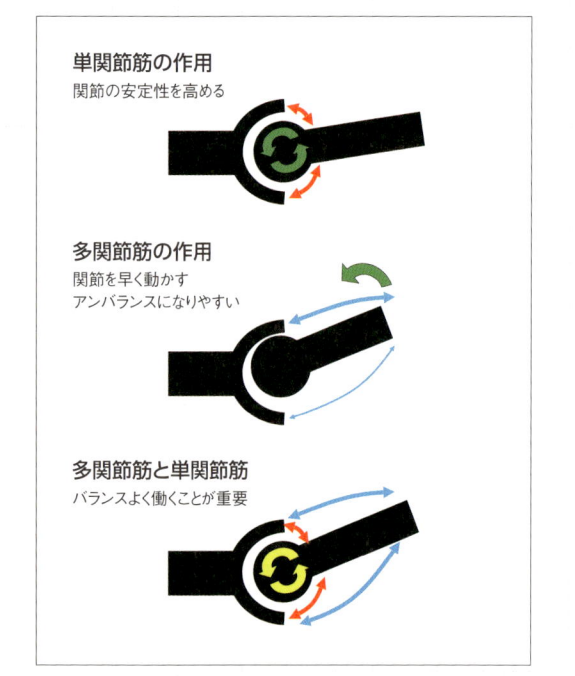

単関節筋の作用
関節の安定性を高める

多関節筋の作用
関節を早く動かす
アンバランスになりやすい

多関節筋と単関節筋
バランスよく働くことが重要

第3章

身体のメカニズム
（スタート・ターン）

スタート動作と股関節の関係

大殿筋を使ってプレートを蹴る

スタート動作と大殿筋の関係

まずスタート姿勢のメカニズムを説明したい。水泳におけるスタート時の姿勢のポイントは、以下の4つだ。

①**股関節をしっかり曲げ、骨盤を進行方向へ向ける**
②**背中が伸びて進行方向を向いている**
③**バックプレートを蹴る側の股関節が主な出力となる**
④**前側の脚は、膝をなるべく曲げ続け、足を離すまでの時間も長くする**

バックプレート付きのスタート台では、後ろ脚で蹴る力が非常に大きくなるので、後ろ側の股関節を伸ばす大殿筋の出力がとても重要になる。この時、飛び出す方向が上を向き過ぎると、入水から浮き上がりのところで急速に曲がらなければならず、ブレーキがかかってしまう。高く飛び出すのではなく、鋭く水に突き刺さるように入水するのが理想だ。しかし骨盤が上を向いていると、飛び出す角度も上になってしまう。また入水時に背中が丸まっていては、鋭く突き刺さるように入水することができない。股関節をしっかり曲げて背中を真っすぐに伸ばし、骨盤を飛び出す方向へ向けることが、スタート時の姿勢では重要になる。

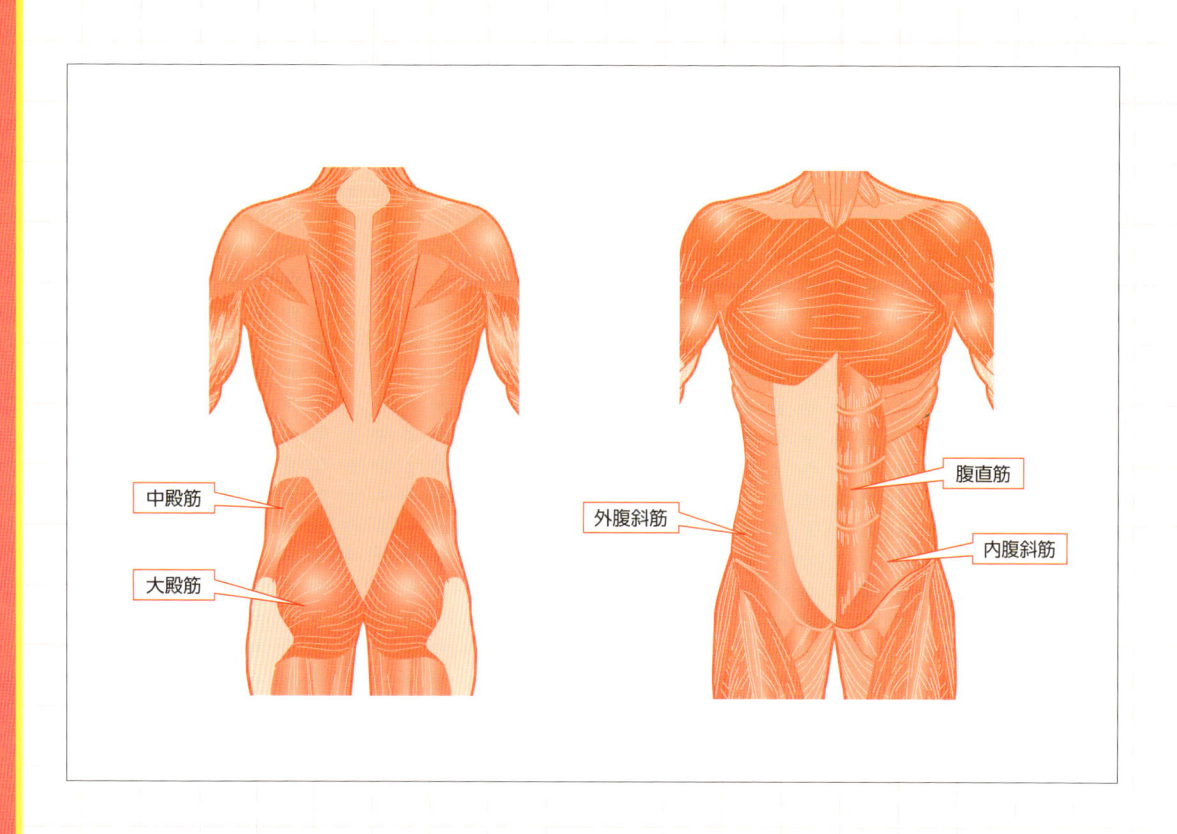

中殿筋
大殿筋
腹直筋
外腹斜筋
内腹斜筋

大殿筋の働きとバックプレートの位置

バックプレートの位置について、「前に出したほうがいいのか」、「後ろに下げたほうがいいのか」と悩む人は多いだろう。バックプレート付きのスタート台では後ろ脚の蹴りが重要になるので、プレートをなるべく前側にしたほうが、大殿筋の出力は上がる。筋肉が引っ張られてストレッチされる感じになるため、強い収縮が可能になるわけだ。

しかしプレートを前にすればするほど、姿勢は窮屈になる。つまり、より股関節を曲げなければならず、構えの姿勢をとりにくくなり、骨盤と背中が丸まりやすくなる。特に前側の脚の太もも裏が硬く、プレートを前にできないという人は少なくないだろう。逆にいえば、スタート姿勢でそうなる人は、股関節が硬く曲がりにくいということ。したがって骨盤と背中をなるべく真っすぐにするために、プレートの位置を下げなければならない。

こうしたことから、大殿筋の収縮と骨盤の向きを考え、一番バランスよく姿勢をつくることができるプレートの位置を探すことが、理想的なスタート姿勢をつくるうえでは重要だ。

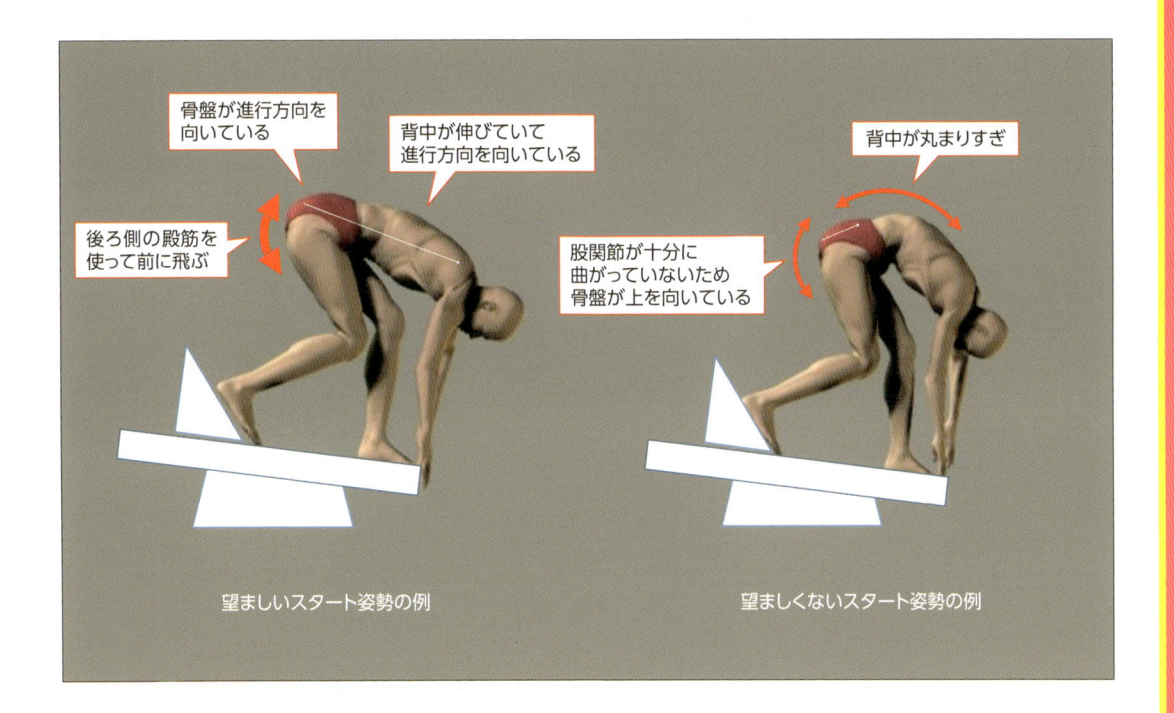

骨盤が進行方向を向いている

背中が伸びていて進行方向を向いている

後ろ側の殿筋を使って前に飛ぶ

背中が丸まりすぎ

股関節が十分に曲がっていないため骨盤が上を向いている

望ましいスタート姿勢の例

望ましくないスタート姿勢の例

アドバイス

このように、スタート姿勢でもっとも重要なのは股関節の柔軟性だ。前側の脚もプレート側の脚も、どちらの股関節であっても曲げにくい状態ではなかなか良いクラウチング姿勢はとりにくく、腰が曲がって腰痛の原因にもなる。股関節をしっかり折りたたんだ姿勢から大殿筋を使ってプレートを蹴ることが必要だ。

まずはクラウチング姿勢をしっかりとれるように自分の姿勢をじっくり研究しよう。

スタート動作のポイントとトレーニング

前側の脚の膝を最後まで曲げ続ける

速さだけではなく飛び出す角度も重要

　スタート動作では、飛び出す際の速度と同時に、飛び出す角度も重要になる。たとえば高く飛び出したケースを考えてみよう。飛んでいる距離が長いため、空中にいる時間が長い。これは水と比べて抵抗が少ないので速度の点では有利といえる。しかしその分、水に入る時は落下する角度が大きくなり、結果として深く水の中に入りやすい。あまり深く入り過ぎると浮き上がりに時間を要してしまうため、急いで水面に出ようとする。すると、急激な角度での上昇を余儀なくされ、無理な態勢で腰を反り、腰痛を発症するリスクが高まる。

　一方、飛び出し角が鋭角、つまり水に突き刺さるように飛び出して入水すると、深く潜航することがなくなるので、浮き上がりまでの距離は最短となり、腰を反るリスクも少なくなる。ただし、空中の時間は短くなるので、入水姿勢が悪いと抵抗を大きく受けて減速してしまい、泳ぎ出しの速度が遅くなってしまう。

　つまり、高すぎても低すぎてもダメということ。ちょうどよい飛び出し角度を練習しなければならないのだ。

飛込の入水角度

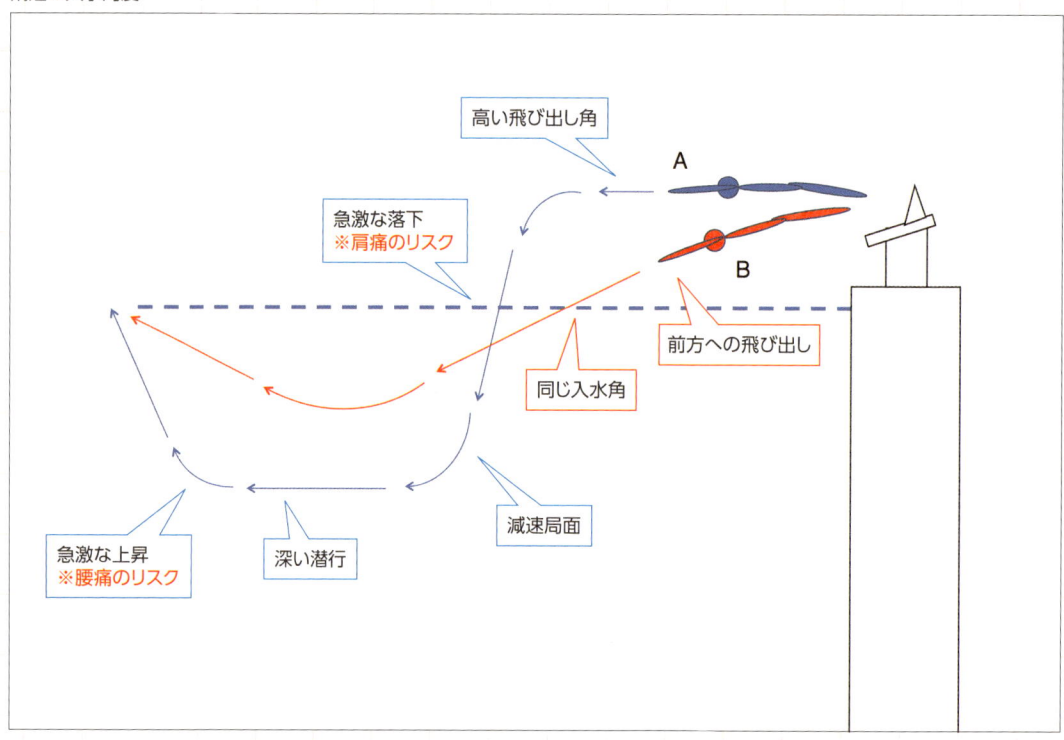

高い飛び出し角

A

急激な落下
※肩痛のリスク

B

前方への飛び出し

同じ入水角

減速局面

急激な上昇
※腰痛のリスク

深い潜行

台から足を離すのは早い方がいい? 遅い方がいい?

　もう1つ大事なポイントは、足が台から離れるタイミングだ。前側の足をスタート台から早く離す、つまり早く飛び出しすぎてしまうと、力が台にしっかり伝わらない。前側の足で最後まで台を後ろに押し続ける感覚が重要になる。

　そのためには、しっかり膝を曲げ続け、台を支え続けることが重要だ。これは、飛び出し角を高くしすぎないことにもつながる。

前側の足

飛び出しが早い
(膝を伸ばすのが早い)
➡ 上へ飛び出す

台からの脚離れが遅い
(膝を曲げ続ける)
➡ 飛び出す方向が下を向く

スタート動作のトレーニング

　では、スタート動作における股関節や膝関節の使い方を習得するにはどうすればよいか。この後の項で説明するスクワットやデッドリフト、レッグランジのような、足を床に着けた状態で体重を支えて下半身を動かすCKCトレーニング(closed kinetic chain:閉運動連鎖)といわれるトレーニングが重要になる。

アドバイス

　スタートのトレーニングで注意したいのは次の3点。
- まずは股関節の大殿筋や、太もも裏のハムストリングスがしっかり収縮できるようにする
- 前側の脚は、膝を曲げた時に大腿四頭筋で支える感覚も重要
- 股関節と膝を深く曲げた状態でもトレーニングする必要がある

　前側の脚についても、膝を伸ばすタイミングと足を台から離すタイミングが早すぎると、飛び出し角が上を向いてしまう。トレーニングの際にはスタート姿勢を意識して行おう。

第3章 身体のメカニズム(スタート・ターン)

ターン動作（クイックターン・タッチターン）

小さく回り、股関節と膝関節をしっかり曲げて蹴る

2種類のターンのポイント

競泳のターン動作は、クイックターンとタッチターンの2種類に分けられる。クロールと背泳ぎはクイックターン、バタフライと平泳ぎではタッチターンが使用される。ここでは動作の観点から、それぞれのポイントを解説する。

クイックターン＝壁に近いところで、全身を丸め小さく回転する

クイックターンは十分に壁に近づいた後、身体を小さく丸めて回転し、横向きになった状態で壁を蹴ってストリームラインをとる。回転時には、身体が十分に丸まっていないと、水の抵抗を受けて減速してしまう。なるべく全身を丸め、小さく回転することが、抵抗を減らすうえでの理想形だ。また、壁から遠いところで回転してしまうと、壁を蹴る際に股関節や膝関節を十分に曲げられず、壁を蹴るパワーが減少してしまう。しっかり壁を蹴る力を下半身で発揮させるには、壁に近い場所で回転し、股関節と膝関節をしっかり曲げて力強く壁を蹴ることが望ましい。

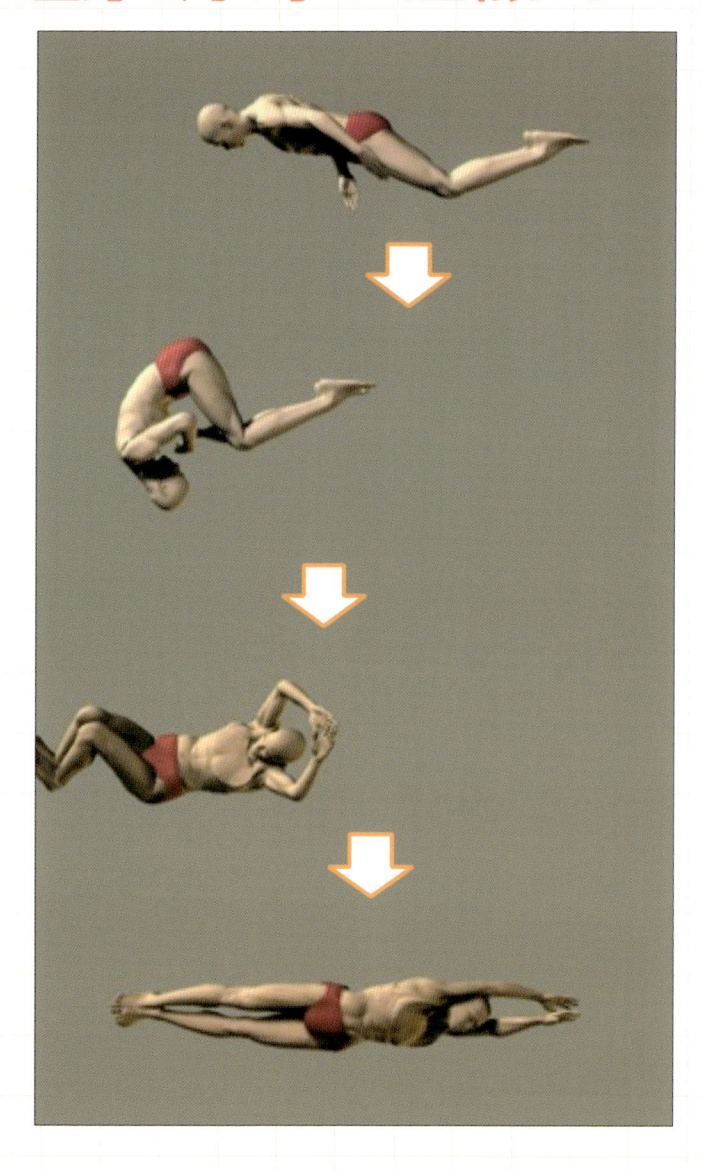

タッチターン＝泳ぎの勢いを利用して回る

タッチターンは左右対称の泳法であるバタフライと平泳ぎで用いられ、壁にタッチする際は両手タッチがルールで義務付けられている。壁をタッチした後、膝を折りたたんで横向きに回転、横を向いたまま膝を曲げて両足を壁に着き、壁を強く蹴ってストリームラインをとる。タッチターンの回転では、両手を壁に着いてブレーキをかけ、泳速の慣性を利用して回転する。泳いでいる勢いを利用するわけだ。この時も、なるべく回転を小さく行ったほうが抵抗が少なく、自分で回ろうと努力しなくても泳ぎの勢いで回りやすい。また、壁に近いところで回れるため、下半身が曲がり壁を蹴る力もクイックターン同様に強くなる。

アドバイス

ターン動作は、『回転』という要素と『壁を蹴る』という要素の2つに分けて考えなければならない。いかに速く楽に回るか、そしていかに力強く壁を蹴るか。この2点が重要となる。

背中の連動（アウターユニット後斜系）

上半身と下半身の連動を理解しよう

広背筋と大殿筋をつなぐ「胸腰筋膜」

　ここでは、今後解説する下半身のトレーニングに向けて、背中から尻にかけての筋肉を示した解剖図の復習を行っておこう。まず、背中の両側にある大きな筋肉が広背筋で、左右の骨盤の後ろ側にあるのが大殿筋だ。この2種類の筋肉は非常に大きい筋肉で、身体の後側を大きく覆っている。

　上巻でも説明したが、筋肉は「筋膜」という膜で覆われており、この膜が、筋肉を覆うと同時に筋肉と筋肉の間をつないでいる。広背筋も大殿筋も同様に筋膜に覆われているが、この2つの筋肉の間は、その筋膜が厚くなった「胸腰筋膜」によってつながっている。

　この解剖図を見るとわかるように、広背筋と大殿筋、そして胸腰筋膜は、線維が斜め方向に向いている。この線が筋肉の収縮する方向、つまり筋肉が身体を動かす方向だ。そして、左の広背筋と右の大殿筋、右の広背筋と左の大殿筋は、それぞれ同じ方向に線維が走っており、間にある胸腰筋膜の斜めの線維でつながっている。それにより、左右の対になる広背筋と大殿筋は、胸腰筋膜を介して解剖図の矢印のように同時に働くことになる。これがアウターユニット後斜系の働きだ。

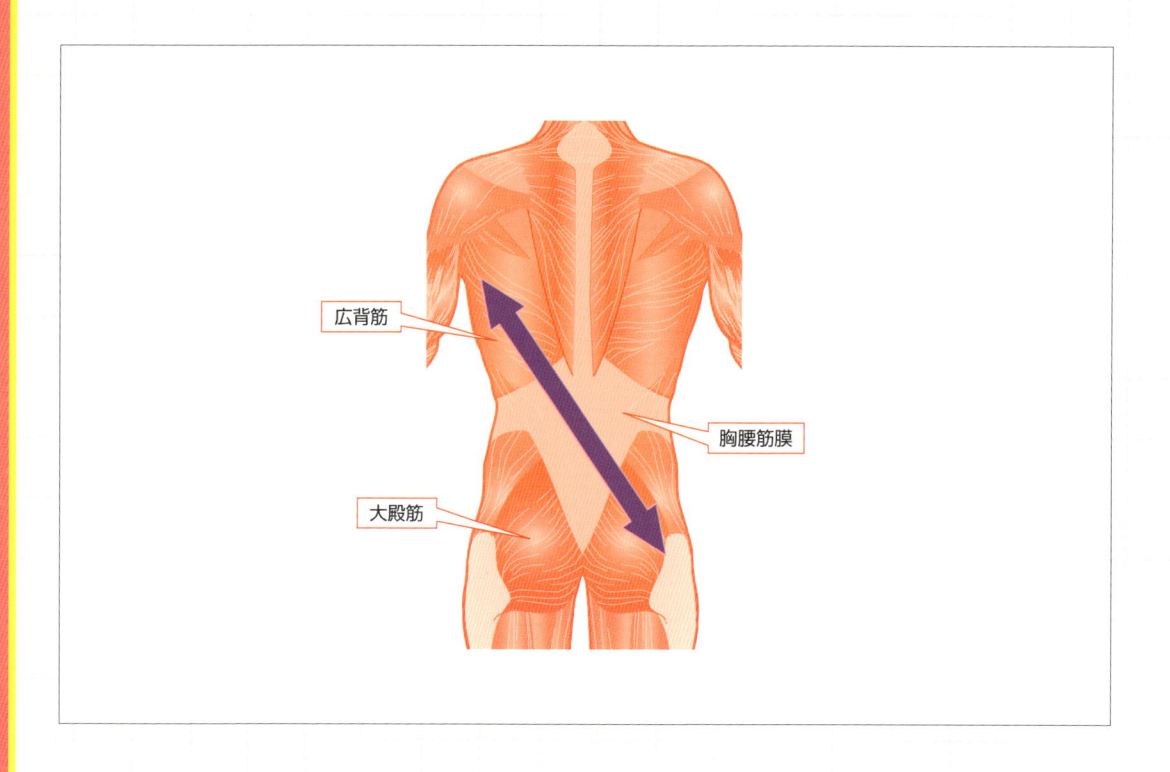

広背筋

胸腰筋膜

大殿筋

上半身と下半身を反対にねじることでバランスをとる

具体的な身体の動きを例に説明してみよう。下の左図は、人間が走っている時の身体の動きを表したものだ。走る時には腕を振るが、「左脚を後ろに蹴る」時は「左腕を前に振る」というように、腕と脚は反対方向の動きをする。これは、上半身と下半身を反対方向にねじることで、身体が左右に揺れるのを抑えるためだ。この時に使っている筋肉の動きを表したものが、下図の矢印になる。これを見ると、脚と腕を反対側に振っている＝左右反対の大殿筋と広背筋を同時に使っていることが理解できる。

人間が立ったり歩いたりする時は、このように大殿筋と広背筋が一緒に動いてバランスをとっている。このことを理解し、2つの筋肉をうまく連動させるよう意識しながらトレーニングを行うようにしよう。

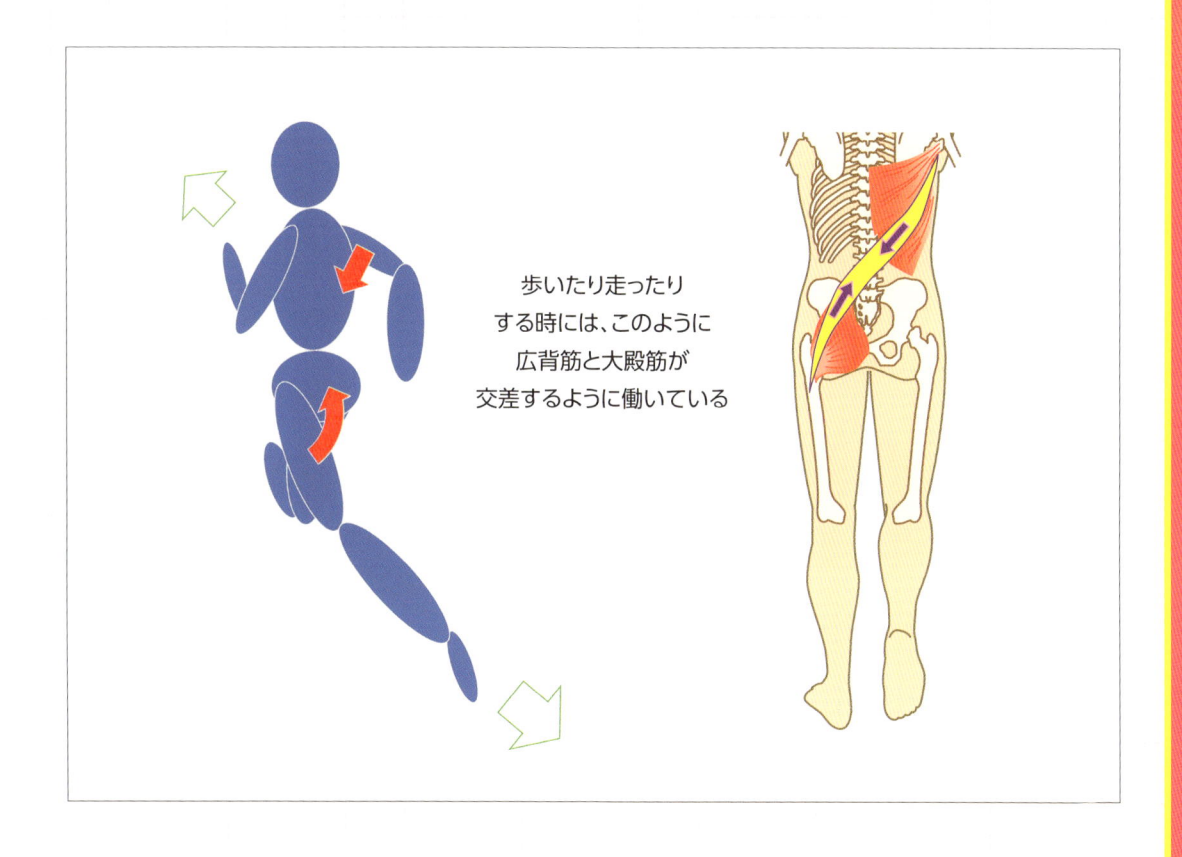

歩いたり走ったり
する時には、このように
広背筋と大殿筋が
交差するように働いている

アドバイス

62～63ページで解説したスタート動作でも、このアウターユニット後斜系をうまく使ってトレーニングすることが重要になる。大殿筋をしっかり働かせるためには、背筋の役割が重要なのだ。これは平泳ぎのキックでも同様のことがいえる。

内転優位と外転優位 股関節トレーニングの考え方

　股関節はボールが臼にはまるような構造になっており、さまざまな方向に動くことができる。そして目に見える運動だけでなく、実はいろいろな方向に力が発生している。

　たとえば下の図1のように上下から力が加わった場合、ボールは横に広がる。これはクッション作用で、上下方向の力を吸収し、衝撃を和らげる効果がある。逆に縦方向に力を生じさせるためには、図2のように横から圧を加えて力を発揮させなければならない。

　この作用を股関節に当てはめると、スクワットで重心を下げる動作や、ジャンプで着地した時の力の使い方は、クッション作用になる。つまり、股関節を開く外転方向の使い方だ。一方、ジャンプで飛び上がったり、スクワットで伸び上がったりする動作の場合は、股関節を閉じる内転方向に力を発生させる必要がある。

　こう考えると、スクワットにおいて下がる動作と上がる動作は、身体の使い方がまったく逆であることがわかるだろう。目に見える外転運

外転優位スクワット　　　　内転優位スクワット

動や内転運動はないものの、スクワットをしている時は外転方向と内転方向に力が発揮されているのだ。

　ではこの内転運動と外転運動は、どのようにトレーニングすべきだろうか。

　スクワットを例に考えると、チューブを膝上に巻くスクワットは、外転方向に優位なスクワットになる。このやり方は殿筋群が働きやすくなり、股関節の安定性を高めるトレーニングとして効果的だ。一方、内転方向のトレーニングをしたい場合は、ボールを挟んで内転優位にすることで、縦方向に力を発揮しやすくなる。なおこの際、前から見た時に膝を内側に向けたり、外に向けたりする必要はない。写真のように真っすぐ前へ向けたままでも、内転方向や外転方向に力を入れていれば十分だ。

　トレーニングはさまざまな方向に負荷をかけて行わないと、各筋肉の関係がアンバランスになりやすく、股関節の不調や違和感につながりやすい。外方向に力を入れておけば股関節のトレーニングとして十分かといえば、そうではないのだ。外に開く外転トレーニングと同様に、内側に閉じる方向の内転トレーニングもすべきだといえる。

図1 外転優位：安定型

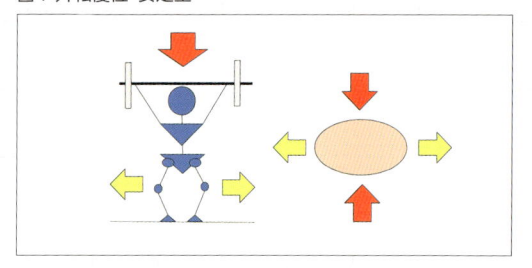

図2 内転優位：推進型

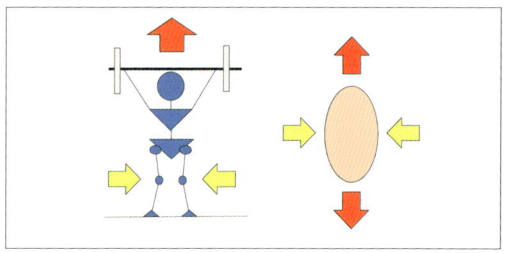

第4章

下半身トレーニング 応用編

（荷重系）

ワイドスクワット（棒サポート）

股関節の可動域を広げ、使い方を向上させる

水泳選手は股関節の動きが悪いケースが多い

水泳選手のトレーニング指導をしていると、股関節の動きが悪い選手が多いと感じる。特にスクワット系のトレーニングをすると、股関節が十分に動いていないため腰を動かしすぎている選手をよく見かける。本項で説明するワイドスクワットは、通常のスクワットに比べ大きく

股関節を動かすことが特徴。そのため、股関節のトレーニングとしても非常に良いメニューになる。股関節の可動域を広げるとともに、使い方も上手になるので、しっかりと取り組もう。まずは姿勢を安定させるために、棒で支えながら動かすやり方を説明する。

①基本姿勢

ワイドスクワットは写真のように脚を大きく外に広げるため、内転筋が硬いと膝が広がらず、身体を下げることができない。そしてこの内転筋の硬さが、通常のスクワットで股関節を曲げる時に骨盤を反らせる原因になっていることが非常に多い。「座った状態での前屈などのストレッチをしっかりやっているから大丈夫」と思っている人もいるが、そのようなストレッチでは伸びていない、少し前側の内転筋が伸ばされる感覚を得られるのが、このワイドスクワットのメリット。当然ながら大殿筋にも非常に力が入りやすいトレーニングであるため、通常のスクワットで尻を使えている感覚が少ない人は、ワイドスクワットから始めるといいだろう。

膝は足の上に
↓

内転筋

↑
膝と股関節は
同じ高さ

アドバイス

ひと言でスクワットといっても多くの種類があり、それぞれに長所と短所がある。ワイドスクワットは内転筋や大殿筋を使いにくい、股関節が硬い、あるいは腰を反ってスクワットをしてしまうと

いった人にとって、非常に有効な方法だ。自分の弱点を克服するために、さまざまなスクワットに取り組もう。

②姿勢の注意点

ワイドスクワットのポイントは、脚を開く「幅」と「位置」。図のように、前から見た時に股関節と膝の高さが同じ高さになるまで腰を下げよう。膝の下に足がくるようにして、足と膝、股関節を結ぶ線が長方形になるように脚を開く。この時、NG①のように膝よりも足幅が狭いと、太もも前の大腿四頭筋で支えることになる。またNG②のように足を広げすぎると、力を使わなくても支えられてしまう。前から見た時、長方形の形になっていることが、股関節を自然に動かすためのポイントであることを意識して行おう。

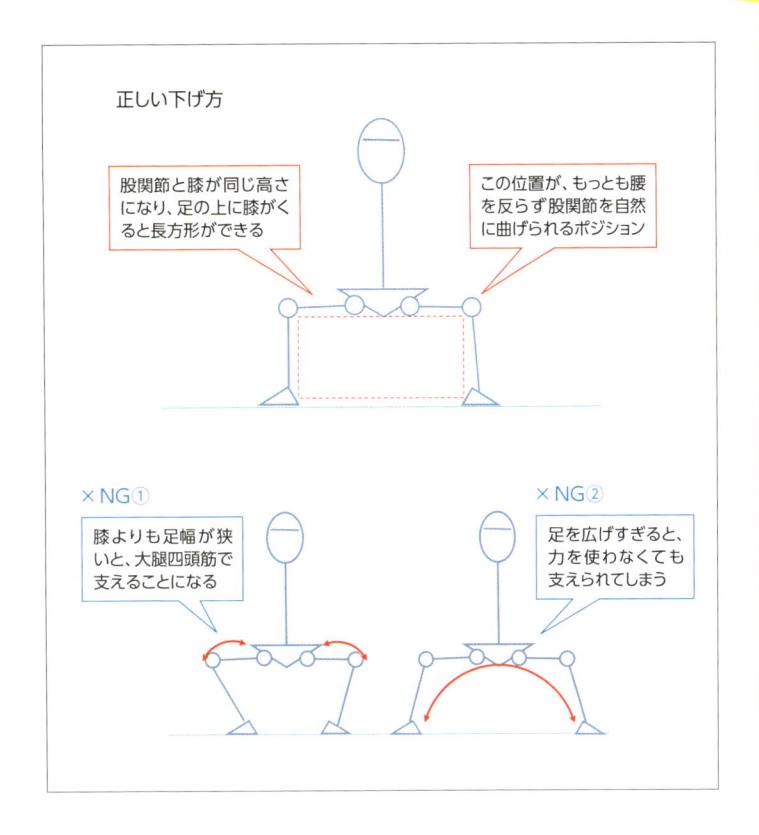

正しい下げ方

股関節と膝が同じ高さになり、足の上に膝がくると長方形ができる

この位置が、もっとも腰を反らず股関節を自然に曲げられるポジション

× NG①
膝よりも足幅が狭いと、大腿四頭筋で支えることになる

× NG②
足を広げすぎると、力を使わなくても支えられてしまう

③横から見た形

横から見た時のポイントは、骨盤が反り過ぎていないことと、膝が前に出ていないことの2つ。横から見ても足の上に膝がくる形がベストだ。この時、膝とつま先が同じ方向を向いていることも重要。向きが違うと膝がねじれてしまう。このトレーニングでは股関節が大きく外旋（外ひねり）しているため、つま先がかなり外を向いたいわゆるガニ股の状態になる。

✕ **NG**
骨盤が反って前に倒れている

ワイドスクワットでは脚を大きく開くため、内転筋と大殿筋で前後方向のバランスをとることになる。そのため、内転筋が硬い、あるいは弱い人は、骨盤を真っすぐ起こそうとすると後ろにひっくり返りそうになり、逆に上半身を前に倒してバランスをとろうとするケースが多い。

ワイドスクワット
良い姿勢でスクワットを行うためのポイント

ワイドスクワットを妨げる要因とは

前項では、骨盤の動かし方について「腰を反りすぎないように」と説明した。一方で、ワイドスクワットをやると腰が丸まってしまう人も少なくない。その1つの原因として、「内転筋が硬い」という可能性が考えられる。

下図はスクワットをしている時の骨格を示したものだ。太ももの内側にはさまざまな筋肉があり、総称して「内転筋群」と呼ばれる。内転筋と一口にいっても多くの筋肉があり、前側の内転筋群が硬い場合は腰が反ってしまい、逆に後ろ側の内転筋が硬くなっている時は腰が丸まってしまう可能性がある。

2つ目の原因として考えられるのが、足首の硬さ。足首が硬く曲がりにくいと、スクワットした際に重心が後方に移って後ろにひっくり返りそうになる。そこでバランスをとろうとして体重を前にかけるため、腰から上半身を丸めるわけだ。3つ目の原因は、尻の後ろにある殿筋群が硬くなっていること。殿筋群が硬いと骨盤が前傾しにくくなり、腰が丸まってしまう原因となる。

ワイドスクワットができない場合の解決法

内転筋が硬くて股関節がうまく動かず、骨盤が丸まったり反ったりする人は、内転筋のストレッチをしっかり行おう。腰を丸めず、骨盤を起こしながらストレッチをすれば、スクワット動作でも徐々に骨盤の丸まりが少なくなり、股関節がしっかり曲がるようになる。足首が硬い人は、ふくらはぎ（下腿三頭筋）のストレッチが有効だ。腓腹筋のストレッチ等を行うことで、足首が曲がりやすくなって体重が前に乗りやすくなる。殿筋群が硬い人は、殿筋のス

トレッチを行うといい。

股関節の動きを妨げている部分をしっかりストレッチしてから「ワイドスクワット」を行うと、かなりうまく動かせるはずだ。ワイドスクワットをきちんとしたフォームでできるようになったら、高校生以上の選手はバーベルなどを担いで徐々に負荷を増やしていくのもいい。その際、下半身の動きだけではなく上半身の姿勢にも気をつけながら、いい姿勢で行うことを心がけよう。

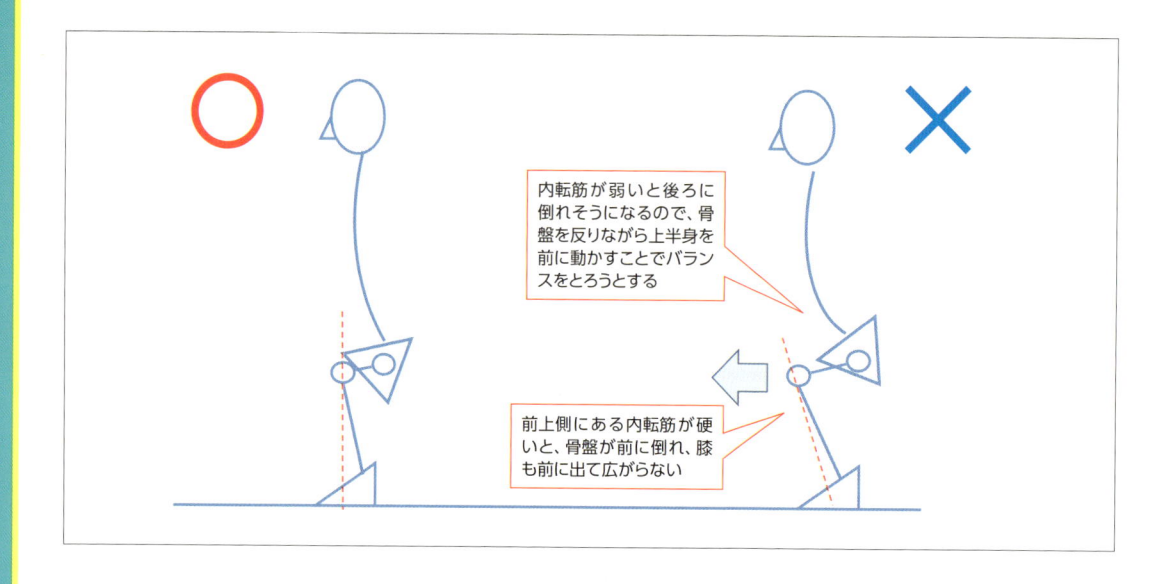

内転筋が弱いと後ろに倒れそうになるので、骨盤を反りながら上半身を前に動かすことでバランスをとろうとする

前上側にある内転筋が硬いと、骨盤が前に倒れ、膝も前に出て広がらない

ワイドスクワットの基本姿勢（棒なし）

　頭の後ろで手を組んでワイドスクワットをやってみよう。下半身などの姿勢のポイントは前項のまま。棒を使わないので、上半身にもしっかり力を入れて良い姿勢を維持しよう。

（前から見た場合）　　　　　　　　**（横から見た場合）**

✕ NG① 背中が丸まっている

　胸椎あたりのローカル筋が収縮できていないと、胸椎を伸ばせず背中が丸まってしまう。この場合は胸椎伸展トレーニングをやり直そう。

✕ NG② 骨盤が反っている

　内転筋の前側が硬いと骨盤が反ってしまう。ワイドスクワットをすることでもストレッチされるが、内転筋のストレッチも効果的だ。

アドバイス

　正しいワイドスクワット動作を行うことは、スタートやターン動作で膝や腰を痛めないよう、大きく股関節を動かすうえで非常に重要だ。しかし、水泳選手は股関節をうまく使えない人が多いのも事実。もう一度自分のフォームを注意して観察しながらワイドスクワットを行い、トレーニング効果を十分に発揮できるようにしよう。

29 内転筋ストレッチ

ワイドスクワットで骨盤が反る場合は内転筋をストレッチしよう

ワイドスクワットを妨げる要因

スクワットをする際に骨盤が反りすぎる人は、前側にある内転筋が硬い可能性があると前項で述べた。後ろ側の内転筋群は一般的な開脚前屈のストレッチを行うことで、太もも裏にあるハムストリングスと同時に伸ばすことができる。しかし前側の内転筋は内転筋群の中で比較的短い筋肉のため、工夫しなければストレッチするのが難しい。

そこでワイドスクワットがトレーニングとしても、ストレッチとしても有効になるが、そもそもワイドスクワットを行うことが難しかったり、ワイドスクワットでも伸びにくいケースもある。そうした場合は、同じような動きを床で行うストレッチが効果的だ。

基本動作

まず、よつばいになり、膝と足を床に着く。膝から下は左右平行になるようにして、股関節を開いて開脚姿勢になる。

そこから腰が反ったり丸まったりしないよう気をつけながら、股関節の曲げ伸ばしをして動かそう。骨盤の動きを平行に保ちつつ、徐々に大きく前後に動かすことがポイント。自分の体重を利用することで、股関節が開く方向に力を加えることができる。慣れてきたら徐々に股関節の開きを大きくしていこう。

✕ NG①
背中が丸まっている

　股関節が硬い人は、背中を丸めて股関節の動きを助けてしまう。背中は真っすぐ伸ばし、股関節だけを動かすようにしよう。

✕ NG②
腰が反っている

　逆に、背中を反って股関節の動きを助けるケースもある。特にスクワットで骨盤が反ってしまう人は、背中の動きに注意してストレッチしよう。股関節を曲げる時だけではなく、伸ばして前に動く時も真っすぐ動かすことで、内転筋の前側が伸びやすくなる。

✕ NG③
骨盤が上がっている

　股関節が開きにくい人は、曲げた時に骨盤が上に向かって上がりやすい。これでは股関節の内側のストレッチが甘くなってしまう。尻を後ろに引く感覚で曲げるよう心がけよう。

アドバイス

　股関節は可動域が広いため、いろいろな動かし方がある。逆にいえば、それだけいろいろな動かし方をしている人がいる、ということだ。一般的なストレッチはしっかり行うべきだが、股関節の周辺にある筋はそれだけでは十分に伸びないという人が少なくない。このストレッチも、ここで紹介したやり方を基本に少し角度を変えるなど工夫しながら、自分に合ったストレッチを考えて、必要な可動域を得るように努力してみよう。

第4章　下半身トレーニング応用編（荷重系）

ワイドスクワット＆ツイスト
下半身を固定して上半身を回旋させる

下半身と同時に上半身も働くことが重要

スクワットは、①股関節、②膝関節、③足関節という下半身の大きな3関節をすべて同時に動かすトレーニングといわれる。すべてを同時に曲げることで腰の位置が下がり、逆にすべての関節を同時に伸ばすことで上がっていくわけだ。そのため、うまくできるようになると、体重の何倍もの重さを担いでスクワットができるようになる。この時に重要なのが、下半身と同時に上半身もしっかりと働くこと。特に腹横筋や内外腹斜筋を使って体幹部分をしっかり固定できないと、曲がったり反ったりして腰を痛める原因になる。スクワットは下半身のトレーニングと思われがちだが、同時に上半身もしっかりとトレーニングされる。ここで紹介する「スクワット＆ツイスト」は、通常のスクワットでは固定されている上半身を、脚を曲げると同時に動かしていくトレーニングになる。

①スタート姿勢

スタート姿勢は通常のワイドスクワットと同様。腰は反りすぎず丸めすぎず、なるべく上半身を起こした状態で腰を下げる。膝の位置は足の上にくるあたりに。股関節を十分に動かして、膝と股関節が同じ高さになるくらい曲げていこう。曲げきった位置から、下半身をキープしたまま上半身をねじっていく。

アドバイス

なぜ身体をねじるかというと、水泳では上半身の回旋が非常に重要だからだ。クロールや背泳ぎでのストロークでは、下半身を固定して胸郭のみを回旋するローリングが必要になる。このトレーニングは、下半身を固定して上半身のみねじるため、ローリング動作の獲得にとても有効なのだ。左右差のわかりやすいトレーニングでもあるので、鏡を見ながら行ってみるのもいいだろう。なお、ねじる範囲は正しい姿勢と位置でできるところまで。大きくねじっても、膝がきちんと止まらなかったり、肘の高さが変わってしまったりしては意味がない。

②左右にねじる

上半身は真っすぐな姿勢をキープし、どちらかの肩が下がったり丸まったりしないことが大切。ねじった反対側の胸郭から横腹にかけて筋肉や皮膚が伸ばされる。ここが硬いと、真っすぐの姿勢で上半身をねじることができない。ねじるのは、「腰」ではなく「胸郭」。肩甲骨の下、胸の裏側あたりをねじるよう心がけよう。また上半身をねじる際、下半身はしっかり固定して動かさないこと。これにより殿筋と内転筋、特にねじった方向と反対側の内転筋にストレッチ感と収縮感を得ることができる。左右交互に10回ねじることができれば合格。最初は1回ずつ腰を上げて休みながら行い、慣れてきたら腰を落としたまま10回連続を目指そう。

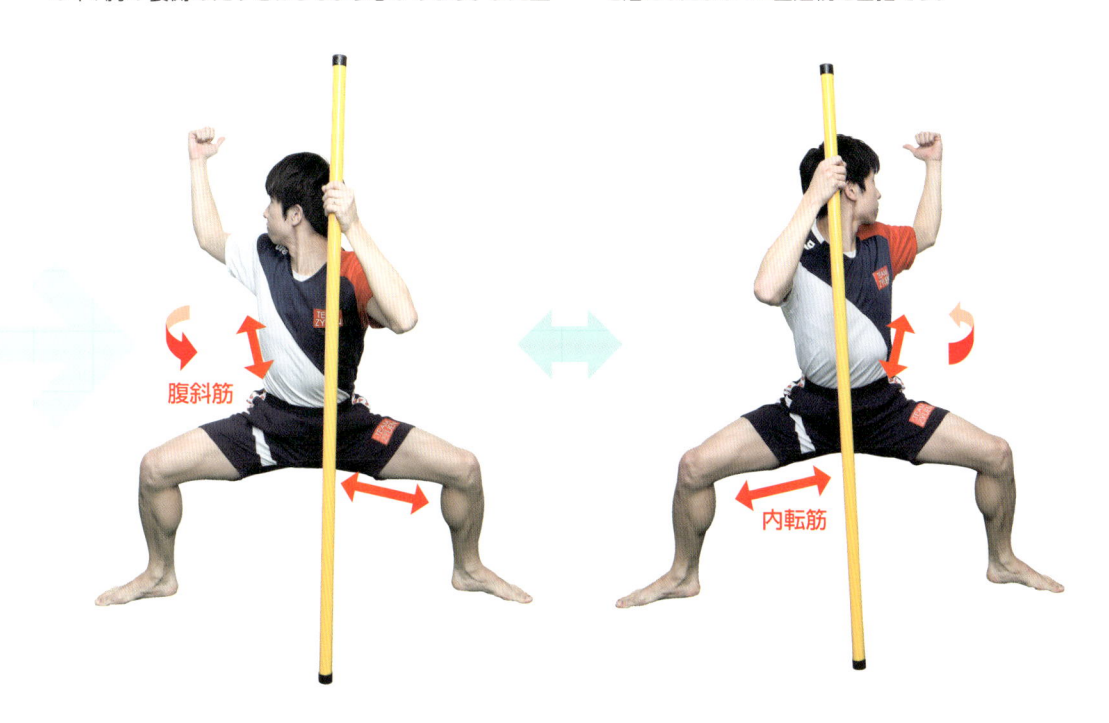

腹斜筋

内転筋

③棒なしバージョン

棒で支えてしっかりねじれるようになったら、今度は棒なしで行ってみよう。頭の後ろで両手を重ね、回旋する。ねじった時の肘の高さが左右で違う場合は、胸郭の硬さに左右差があるかもしれない。また、ねじった側と反対側の膝が内側に倒れたりするのはNG。回旋側の腹斜筋か、反対側の内転筋が硬い可能性がある。

第4章　下半身トレーニング応用編（荷重系）

スクワット

下半身の3関節を同時に動かす効果的なトレーニング

足を地面に着けた状態で多くの筋肉を使い、大きな負荷をかけられる

スクワットはCKC（Closed Kinetic Chain／閉運動連鎖）といって、足を地面に着けた状態でいろいろな関節を同時に動かすトレーニングの1つだ。足首、膝、股関節という下半身の関節をすべて一緒に動かす一方、上半身は固定する複合的なトレーニングで、背筋群、腹筋群、大殿筋、大腿四頭筋、ハムストリング、前脛骨筋、下腿三頭筋と、全身に渡り非常に多くの筋肉が使われる。

さまざまな関節にストレスが分散するため、大きな負荷をかけられる特長があるが、一度に多くの筋肉を使うため、元々のアンバランスさが増しやすいデメリットもある。チェックポイントを押さえて行おう。

正面から見た正しい姿勢

膝がつま先と同じ向きになるようにすると、もっとも膝にストレスがかかりにくい。膝がつま先より内側に入るのはNG。

横から見た正しい姿勢

膝がつま先の位置よりも前に出ないようにし、その分、尻を少し後ろに突き出す。体重はかかと寄りではなく、親指つけ根あたりの拇指球に乗せる。上半身を起こしすぎたり、逆に前へ倒しすぎたりしないよう注意。目安としては、膝下の傾きと体幹の傾きが同じくらいになるよう意識しよう。

胸を反る

大殿筋

✕ NG① 上半身が真っすぐ 立ちすぎている

上体が起き上がってしまうと、大殿筋が使われにくい。膝を多く使ってスクワットしようとすることで、膝にストレスがかかってしまう。

✕ NG② 上半身が前に 倒れすぎている

胸椎付近のローカル筋が弱いか、大殿筋が支えきれないことで、上半身が丸まったり、前に倒れることになり、姿勢が悪くなってしまう。

✕ NG③ 膝が内側に 入りすぎている

中殿筋が筋力低下すると、脚を真っすぐ保つことが難しくなり、膝が内側に入ってしまう。この状態でスクワットをすると、膝の内側が伸ばされて痛くなる可能性が高い。前から見た時につま先と膝の向きが一致することが重要だ。

アドバイス

トレーニングは、負荷が大きければ良いトレーニングというわけではない。正しいフォーム、正しい姿勢で行うことが大切だ。特にスクワットはクセが出やすいメニューだけに、今までなんとなく行ってきた人は、鏡などでチェックポイントを確認しながら取り組んでほしい。

第4章 下半身トレーニング応用編（荷重系）

オーバーヘッドスクワット

スタート入水・ターンアウト時の基本姿勢

水泳の基本動作に近いスクワット姿勢

通常のスクワットが正確にできた段階で、水泳の基本動作に近いスクワット姿勢でのトレーニングに進もう。ここで求められるのは、手を上げたオーバーヘッドポジション。特にスタートでの入水や壁を蹴ったターン後の姿勢をイメージすると、頭の上で手をそろえた状態でスクワットする必要性がわかるはずだ。

オーバーヘッドポジションでのスクワットは、実は難易度が高い。まず胸椎が十分に反っていないと手を上げ続けることが難しく、不十分な場合は腰を反らなければならなくなる。また手を上げているので広背筋を使いにくく、アウターユニット後斜系が働きにくい。その状態でも大殿筋はしっかり使わなければならないため、とても強力な大殿筋の筋力が必要になるのだ。

①基本動作

まず、ストリームラインのイメージで頭の上で手を組む。その姿勢から、胸をしっかり反ってスクワットしていこう。注意点は前述の基本のスクワット通り。ただし、手を上げているので、強度はかなり高くなる。

正面から見た形　　　　　　　　**横から見た形**

腹を締める →

↙ 胸を反る

大殿筋

②応用編 チューブとボールで負荷をかける

基本動作を良い姿勢でできるようになったら、より水泳の動作に近づけるために負荷をかけてみよう。膝にボールを挟み、チューブを持って引っ張る。伸びる方向の負荷がかかり、より強い体幹の固定と殿筋の筋力が必要となる。横から見た時に良い姿勢を維持し続けよう。

正面から見た形

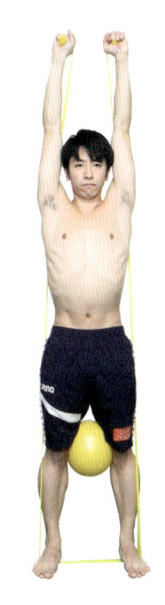 

横から見た形

✕ NG①　背中が丸まっている

胸椎のローカル筋が弱く上半身を支えきれない場合、胸椎がだんだん丸まり手が前へ下がってきてしまう。この場合は背中を伸ばし続けられるよう、胸椎のローカル筋トレーニングをしっかりやり直そう。

✕ NG②　膝が前に出ている

膝を前に出して股関節の負担を減らそうとするケースも起こりやすい。基本のスクワットと同様、大殿筋の筋力が弱い場合によくみられる動きだ。この場合はしっかり大殿筋のトレーニングをやり直し、収縮感を感じながらスクワットしてみよう。

アドバイス

このトレーニングは姿勢を維持することがとても難しい。しかし逆にいえば、この姿勢をマスターすることで大幅なパフォーマンスの改善が期待できる。大きく動かすことよりも、まずは良い姿勢を意識してトレーニングしよう。

オーバーヘッドスクワット（サスペンション）
胸椎を伸ばしながらのスクワット

背中が丸まってしまう時の矯正法

オーバーヘッドスクワットで背中が丸まってしまうケースでは、胸椎のローカル筋を使いながらスクワットすることが課題になる。それを克服するためには、サスペンションを使ったオーバーヘッドスクワットが効果的だ。サスペンションを後ろに引き続けながら行うことで、ローカル筋の収縮を促しながらスクワットすることが可能になる。

①基本姿勢

まず、サスペンションを持って手を上げた姿勢をとろう。後方へサスペンションを引っ張りながら、腕はYの字の形をとる。肩甲骨を寄せて胸椎を伸ばすことを意識。また、決して腰を反らないこと。下腹部を収縮させて固定し、真っすぐ立った姿勢をとった時点で、すでに胸椎のローカル筋が収縮している。

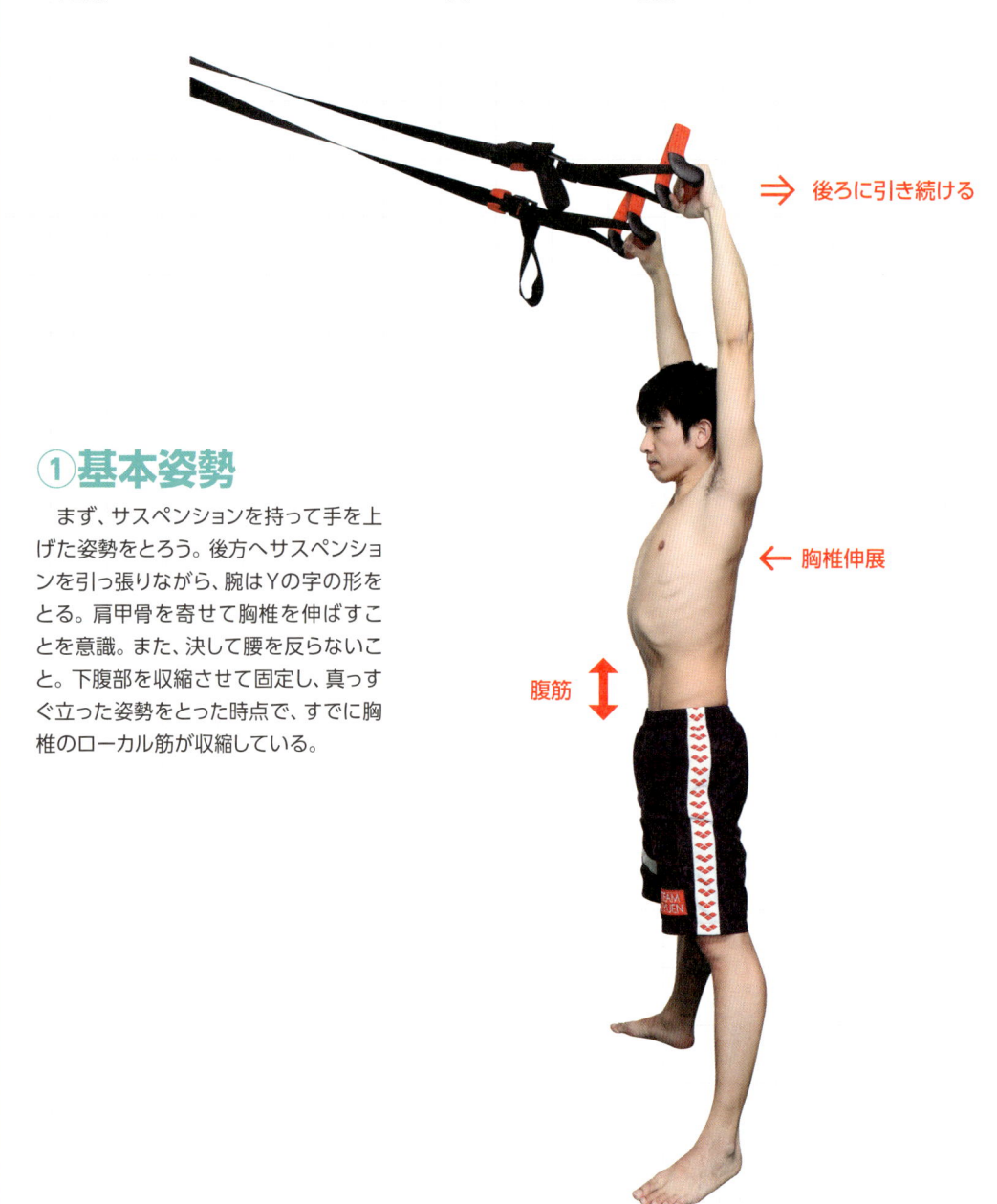

⇒ 後ろに引き続ける

← 胸椎伸展

腹筋

②胸椎を伸ばしたまま腰を落とす

　基本姿勢をとれるようになったら、しっかりサスペンションを後ろに引いてたるまないようにしながら、スクワットしてみよう。胸椎を伸ばしたままスクワットすることで、胸の後ろ側の筋肉が収縮していることを感じられるはずだ。この時、前述のオーバーヘッドスクワットと同様に、膝が前に出たり、手が前へ倒れたりしてはいけない。サスペンションを引きつつ、股関節をしっかり動かして殿筋群を使うことが重要だ。

← 胸は反り続ける

腹は
締め続ける →

大殿筋

第4章　下半身トレーニング応用編（荷重系）

アドバイス

　このトレーニングはサスペンションを使って胸椎を伸ばす方向に負荷をかけることで、ローカル筋の収縮を促すことができる。胸椎を伸ばし続けることで、スクワットそのものの姿勢改善にもつながる。

スプリットスクワット

大腿四頭筋を収縮させて下半身を安定させる

太ももと腰周りの筋肉を使い
股関節と膝関節を同時に動かす

　スプリットスクワットで使う主な筋肉は、太ももの前側にある大きな筋肉──大腿四頭筋だ。大腿四頭筋は、股関節の上から膝の下までつながっており、スクワット動作のように股関節と膝関節を同時に動かすトレーニングではとても重要な働きをする。同様に尻の後ろの大殿筋、尻の横にある中殿筋なども使うので、それらの筋肉をイメージしながら行おう。

①基本姿勢

「スプリット」とは「分ける、分割する」という意味で、スプリットスクワットは脚を前後に広げてスクワットするトレーニングになる。脚を曲げた状態を横から見た時、前脚と後ろの脚、両方の股関節と膝関節がすべて90度になるよう曲げるのが理想的な姿勢。曲げた時の関節の角度に合わせて脚の開きを決めるのが、このトレーニングのポイントだ。

　では、このトレーニングでもっとも使うのはどの筋肉だろうか。多くの人は、前側の脚の太ももと答えるだろう。しかしこの姿勢でもっとも重要なのは、後ろ脚の大腿四頭筋。実際にやってみると、前脚よりも後ろ脚に大きな負担がかかることが実感できるはずだ。前側の大腿四頭筋と大殿筋が膝と股関節を安定させるために働き、後ろ脚の大腿四頭筋が働くことで、安定した状態でスクワットをすることができる。

腹筋

大殿筋

大腿四頭筋

アドバイス

　このトレーニングは大腿四頭筋を鍛えるには非常に良いトレーニングだが、後ろ側の膝に大きなストレスがかかりやすい。故障のない選手であれば問題ないが、膝に痛みがある場合は行わないようにしよう。特に膝の下あたりに成長痛のような痛みがあったり、「オスグット病」と診断された選手は控えたほうがいい。また大腿四頭筋は硬くなりやすいので、膝痛を予防するために、太もも前のストレッチを並行して行うように心がけよう。

②つま先と膝を真っすぐ前に向けながら腰を落とす

　基本姿勢で脚の位置が決まったら、実際に動いてみよう。膝とつま先を同様に真っすぐ前に向け、ゆっくり脚を曲げて腰を落としていく。この時、つま先と膝が真っすぐ前を向いていることを確認しながら脚を曲げること。また上半身も真っすぐ立てておく。曲げ伸ばしを10回繰り返したら、前後の脚を左右入れ替えて同様に10回。これを交互に2〜3セット繰り返そう。

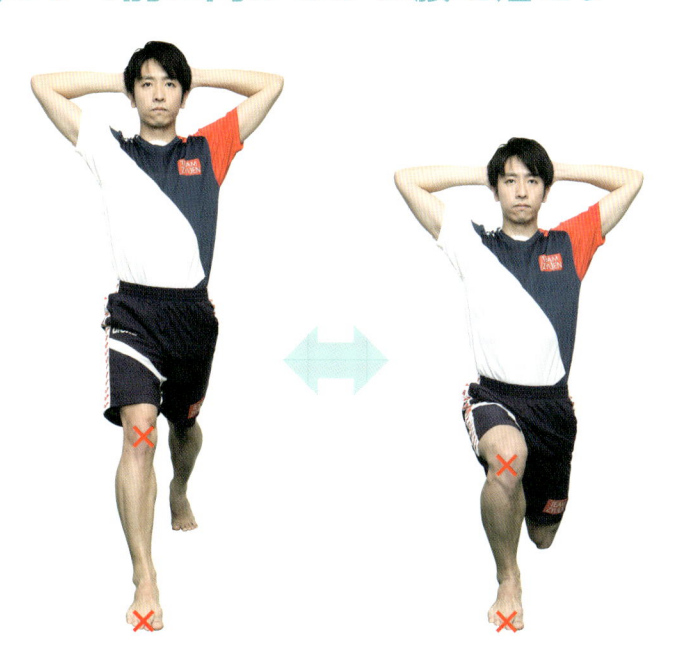

✕ NG① 膝が内側を向いている

　前脚の膝が真っすぐ前を向かず内側にねじれてしまっている。このように膝の向きが安定しない場合、股関節の横側にある中殿筋がしっかりと下半身を支えられていないことが考えられる。膝を鍛えるより股関節の横側を安定させる必要があるため、ブリッジやサイドステップなど殿筋群のトレーニングを復習するといいだろう。

✕ NG② 後ろ脚の膝が伸びすぎている

　一見良い姿勢に見えるが、実はあまり良い姿勢ではない。後ろ脚の膝が直角になっておらず、その結果、前側の膝も90度以下に曲がっている。これは後ろ脚の大腿四頭筋の収縮を意識しすぎて股関節を伸ばしてしまい、後ろ脚の大腿四頭筋をストレッチするだけになっている状態だ。前側の膝にストレスがかかり、膝を痛める可能性がある。また後ろ脚の大腿四頭筋が弱い場合も、安定させるために徐々に脚を広げたくなりがち。一般に脚を広げたほうがトレーニング強度は上がると思いがちだが、逆の場合もあるので注意しよう。

第4章　下半身トレーニング応用編（荷重系）

レッグランジ

動きの中で上半身と下半身のバランスをとる

全身の筋肉をまんべんなくしっかり使う

レッグランジは、前項で説明したスプリットスクワットと基本的に同じ筋肉（大腿四頭筋、ハムストリングス、大殿筋）を使うトレーニングになる。ただし、スプリットスクワットは床に足を着いたまま上下するトレーニングだが、レッグランジは脚を前後に動かすため、床からの衝撃が加わる。そのため、下半身がグラグラしないよう安定させる必要があり、尻の横側の中殿筋や

ふくらはぎの下腿三頭筋、脛部分の前脛骨筋なども、グラつきを抑えるために使われる。また上半身もぶれないようにしなければならず、背筋や腹筋といった体幹の筋肉が多く使われる。このようにレッグランジは、全身の筋肉をまんべんなくしっかり使える非常に効果的なトレーニングなのだ。

①基本姿勢

レッグランジは勢いをつけて一歩前に踏み出すトレーニングなので、基本姿勢が重要になる。この姿勢の注意点はスプリットスクワットと同じだが、復習も兼ねて再度確認しよう。前に出す脚のつま先と膝は同じように真っすぐ前を向くこと。下半身の関節はすべて直角になるように曲げ、後ろ脚でしっかり支えてバランスをとろう。

大殿筋

大腿四頭筋

アドバイス

レッグランジはメジャーなトレーニングのため、やったことがある人も多いだろう。しかし、良い姿勢でスプリットスクワットをできなければ、レッグランジもうまくできない。前の脚と後ろの脚のバランスを整え、上半身も含めてグラつかない状態を準備しておかないと、レッグランジのように勢いのついた動きをコントロールするのは難しいのだ。そうした準備をせず形だけレッグランジを行うと、前側の脚と後ろ側の脚のバラン

スが崩れ、上半身はグラつき、結果として膝や足首を痛めることになる。トレーニング効果が高いメニューは、それだけ危険性も高いことが多い。十分に注意して行おう。

なお、このトレーニングはできればシューズを履き、安定した場所で行ってほしい。プールサイドのように床が固く濡れた場所では、滑ったり衝撃で膝を痛める可能性がある。

②脚を前に出し、静止して、スタート姿勢に戻る

　真っすぐ立った状態からスタートし、片脚を一歩前に出す。スプリットスクワットの曲げた時と同じ姿勢になり、いったんストップ。前の脚と後ろの脚に同じくらい体重を乗せるイメージで、グラつかないよう注意しよう。しっかり静止した後、前に出した脚を戻してスタート体勢に戻る。次に、反対側の脚を一歩前に出して止まり、また脚を戻してスタート体勢に。これを繰り返す。

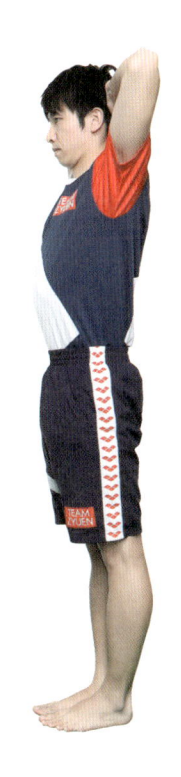

✕ NG① 上半身が横にぶれている

　注意事項はスプリットスクワット同様、前側の膝が内側に入ったり、後ろの脚がねじれたりしないこと。またスプリットスクワットよりも不安定な状態になるので、上半身が横にぶれやすい。体幹の筋肉を意識し、上半身をしっかり固定しよう。どうしても下半身や上半身がぶれる場合は、着いている足の位置が少し内側すぎる可能性がある。足を着く位置を少し横に広げると、安定性が高まる。

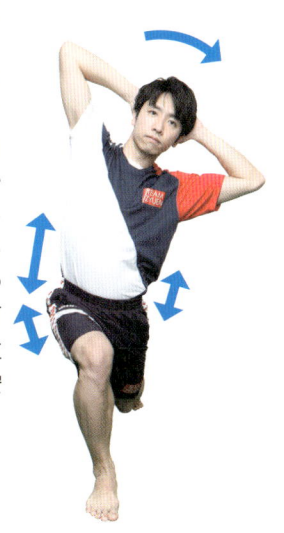

✕ NG② 後ろ脚の膝が伸びすぎている

　前の脚に体重が乗りすぎて膝が前に出てしまうのもNG。前側の膝に大きなストレスがかかり、痛める危険性が高くなる。逆に後ろ脚に体重を残しすぎても腰が十分に下がらず、トレーニング効果がかなり低下するので注意が必要だ。

第4章 　下半身トレーニング応用編（荷重系）

36 ランジツイスト

下半身を動かしながら上半身をねじるバランストレーニング

レッグランジにねじりを加える

本項では、レッグランジにねじりを加えたトレーニングを説明する。このように下半身を動かしながら上半身をねじるトレーニングは全身を動かすことになり、非常に効率のいいトレーニングになる。

①基本姿勢

スプリットスクワットの姿勢で両手に持ったボールを前に出し、そこから前に出した脚の側へ上半身をツイストする。上半身をねじる筋肉は、横腹にある外腹斜筋と内腹斜筋だ。右にねじる時には左の外腹斜筋と右の内腹斜筋、左にねじる時は左の内腹斜筋と右の外腹斜筋が使われる。またこの時、ボールの重みがあるため、身体はボールの方向に倒れそうになる。姿勢を真っすぐキープするためには、ボールと反対側にある筋肉の働きが重要になる。ボールは最初のうちは軽いものから始め、慣れてきたら徐々に重くしていこう。

前から見た形

外腹斜筋 / 内腹斜筋

横から見た形

大殿筋 / 大腿四頭筋

アドバイス

スプリットスクワットからレッグランジ、ランジツイストと、段階的にトレーニングを進めていくことで、複雑なトレーニングもより安全に、かつ正確に行えるようになっていく。ただしここでも、大きくツイストしたり重いボールを使えば良いトレーニングになるというわけではない。正確な姿勢を維持してトレーニングすることがもっとも重要なので、姿勢を第一に考え、動きの大きさや負荷の量を設定しよう。

②連続動作

基本的な動き方はレッグランジと同様。股関節と膝関節が直角になるように一歩前に脚を出し、前に出した脚の方向に上半身をツイストする。この時もっとも重要

なのは、レッグランジの姿勢を崩さずツイストすること。ねじった勢いで上半身が反ったり、傾いたりしないよう、腹筋と股関節をしっかり安定させることがポイントだ。

第4章　下半身トレーニング応用編（荷重系）

✕ NG① 腰が 反っている

✕ NG② 上半身が 傾いている

✕ NG③ 前の脚が内に 入っている

✕ NG④ 後ろの脚が内に 入っている

これらはすべてNG例。ツイストした時に腹筋の固定が不十分で背筋に余計な力が加わると、腰を反りやすい。また上半身を真っすぐキープできず、ツイスト時にボール方向へ傾くのも✕。ツイスト方向と反対側の腹斜筋や殿筋の固定力が不足している場合に、このような傾きが起こる。

逆に前脚側の股関節が不安定な場合は、脚を踏み出した際に膝が不安定になり、内側を向いてしまう。上半身の回旋と一緒に後ろの脚もねじれてつま先が内側を向いてしまうのは、上半身をねじりすぎているか、あるいはねじった反対側の胸郭や腹部が硬く、回旋動作が行いにくいことが原因だ。

サイドステップ
股関節だけを使って横に歩く

股関節の筋を使って動く

日本人は股関節の筋力が欧米人と比べて弱いといわれている。確かに大殿筋や中殿筋など、殿筋にしっかり刺激を入れるのは難しい。特にCKCトレーニングにおいてさまざまな関節が同時に動く中で、股関節を意識するのは簡単ではない。そこで殿筋群に収縮を感じやすいトレーニングとして、このサイドステップを紹介する。

まずサイドステップの際に使うのは大殿筋。上半身の前傾姿勢を維持するメインの筋肉だ。そして横に歩く時は中殿筋を使って移動する。さらに中殿筋に収縮を入れるため、チューブを使用する。近位抵抗、つまり膝の上にチューブを巻くことで、太ももの筋肉を使いにくくし、より中殿筋に収縮感を促すことが可能になる。

①基本動作

基本姿勢はスクワット姿勢と同じ。拇指球に体重をかけ、背中を伸ばし、大殿筋で支える感覚が重要だ。その姿勢で、膝上にチューブを巻いて中殿筋にも収縮を入れる。足を開くのではなく、膝を開く感覚が重要。また足で地面を蹴るのではなく、足を置く感覚で進むと、より股関節だけで動かすことになる。

中殿筋

膝を開く

アドバイス

このサイドステップはバスケットボールなどの球技でよく行われるトレーニングで、いわゆる「構えの姿勢」で動くトレーニングになる。股関節をメインで使うので、殿筋群のトレーニングとして非常に効果的だ。特にスタートターンで尻が使えなかったり、平泳ぎのキックで尻を使いやすくしたい人は、ぜひトライしてみよう。

②応用編◎オーバーヘッドポジション

基本姿勢で殿筋を使えるようになったら、手を上げてサイドステップしてみよう。しっかり胸を反り、腰は反りすぎないように注意。上半身の適度な前傾を保ちつつ、基本姿勢よりさらに殿筋群で支える強度が高くなる。

✕ NG①
上半身が起き上がりすぎている

上半身が起きてしまうと、膝が前に出て股関節の筋群が使いにくくなる。背筋と殿筋の筋力が弱く前傾姿勢をキープできないと、この姿勢になりやすい。

✕ NG②
身体を傾けて進んでいる

中殿筋が弱い場合、上半身を横に傾けて、振り子のようにして進もうとする。筋力を使わず重心移動を利用して進むため、トレーニング効果が減ってしまう。

✕ NG③
足で地面を蹴りすぎている

もっともよくある動きで、地面を足で蹴ってその推進力で進んでいる。日常の動きではこれが普通だが、このトレーニングは股関節の筋肉を使って進むことが目的であり、膝から下の筋肉はなるべく使いたくない。極力地面を蹴ることをせず、足を置いて進む感覚が重要だ。

第4章 下半身トレーニング応用編（荷重系）

片脚デッドリフト
飛び込みやターン時の姿勢に効果的

広背筋と大殿筋をバランスよく動かす

アウターユニット後斜系については先にも説明したが、背中にある広背筋と尻にある大殿筋はつながっており、その2つがバランスよく動くことで、上半身と下半身が連動して動く。片脚デッドリフトは、このアウターユニット後斜系を使ったトレーニングになる。

背中が真っすぐ伸びていると大殿筋をより使いやすくなるが、背中が丸まっているとうまく大殿筋を使うことができない。まずは手を下ろした状態からスタートし、大殿筋がしっかり使えるようになったら、両手を上げてやってみよう。スタートやターンを行う際は、上半身を伸ばしたまま股関節を使って蹴るはず。より実践的な動きに近づいけていこう。

①基本姿勢 手を腰に当てる形（横）

両腕を腰にあて、片脚立ちで徐々に上半身を倒していき、倒しきったこの形が基本姿勢。胸が丸まらず真っすぐになっており、軽く膝が曲がっていると、尻の筋肉を意識しやすい。膝を伸ばしすぎると太もも裏のハムストリングスが突っ張ってしまうので、膝を軽く曲げて大殿筋を使うことを意識する。背中が丸まった姿勢も大殿筋をうまく使えない。

②基本姿勢（後ろ）

前に倒した時、大殿筋が弱いと骨盤が傾いてしまう。後ろから見た時に、骨盤が床と平行になるのが大事だ。誰かに確認してもらい、大殿筋をしっかり使って支えよう。

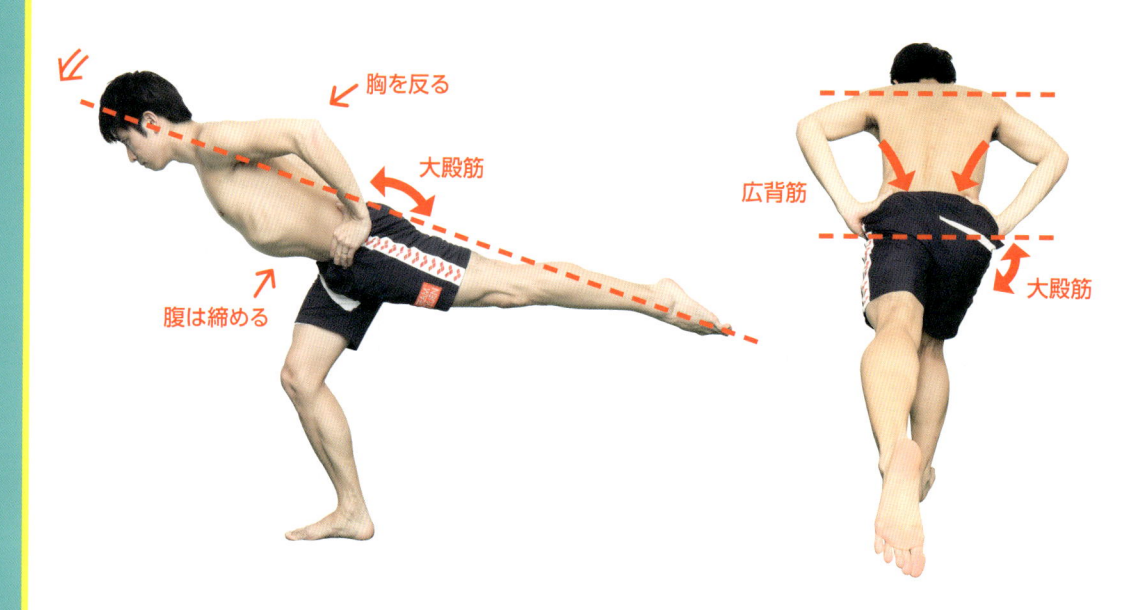

胸を反る
大殿筋
腹は締める
広背筋
大殿筋

胸を反る

大殿筋

腹筋

③応用姿勢1（手を上げる）

　大殿筋がうまく使えたら、両手を上げてやってみよう。スタートやターンに近い姿勢になる。背中が丸まらないよう注意し、胸の裏側あたりの筋肉を使うことが大事だ。背中を真っすぐ維持でき、かつ骨盤がねじれない範囲内で上半身を倒すようにしよう。

応用姿勢2（チューブを引っ張る）

　手を上げてできるようになったら、さらに負荷を上げるためにチューブを足にかけ、手を上げて引っ張る。チューブに負けないよう、腹筋に力を入れてしっかり伸ばそう。

✕ NG 骨盤が傾いている

　後ろから見て骨盤が傾いてしまっている状態。支えている側の尻の筋肉である大殿筋が弱いため、骨盤を真っすぐ支えられないことが原因と考えられる。

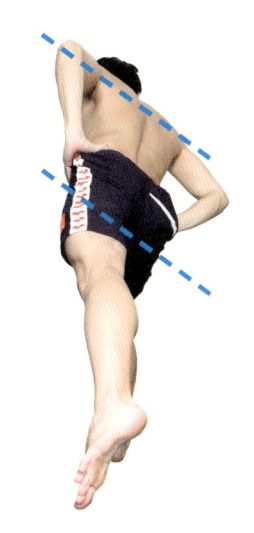

アドバイス

　片脚立ちのトレーニングは苦手という水泳選手が多いが、片脚デッドリフトは飛び込みやターン時の姿勢が悪い選手には非常に効果がある。特に、関節が緩めの人はグラグラしやすい。大切なのは正しい姿勢で行うことであり、深く曲げることではない。正しいやり方でできる範囲、できる回数で行おう。

第4章　下半身トレーニング応用編（荷重系）

壁プッシュ
スタート動作のシミュレーション①

スタート時に必要な筋力と姿勢をつくる

60～61ページで説明したように、スタート動作では大殿筋の出力を上げながら骨盤と背中を真っすぐに保つ姿勢をつくることが、とても重要になる。ここでは理想的なスタート姿勢をつくるためのエクササイズ、「壁プッシュ」を紹介する。

基本姿勢

スタート姿勢をイメージしながら、足を肩幅くらいに広げ、腕と体幹を真っすぐ伸ばして、壁を押す姿勢をとる。股関節をしっかり曲げ、手と股関節を同じくらいの高さにキープしよう。背中を丸めず、骨盤から手までを一直線に保ち、腹筋をしっかり固めて壁を押す。この時、尻の大殿筋を収縮させ、股関節を使って前に押すイメージが重要だ。誰かに大殿筋を軽く触ってもらい、筋肉が収縮しているか確認してもらおう。

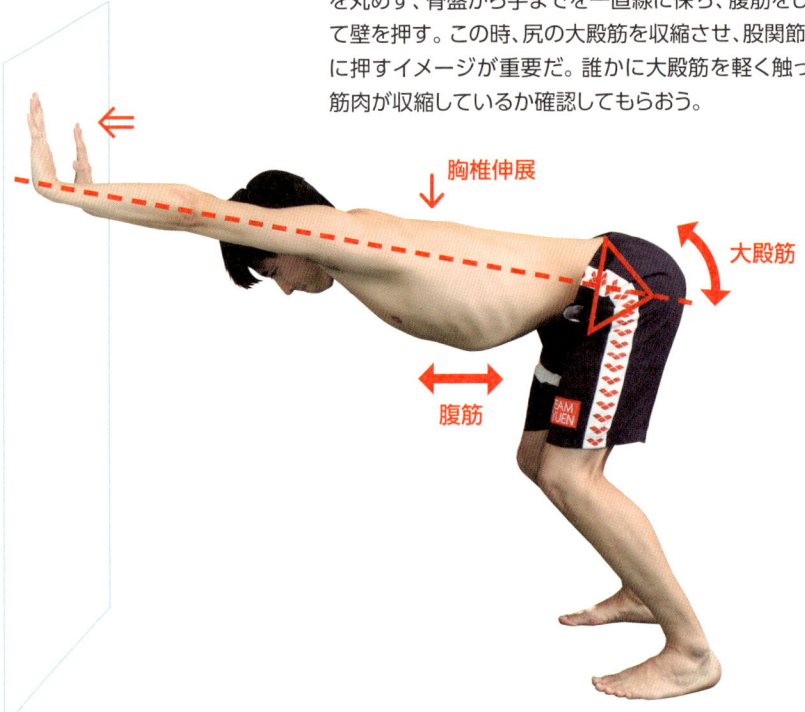

胸椎伸展

大殿筋

腹筋

アドバイス

スタート台にバックプレートが設置されて10年近く経つが、科学的な研究やさまざまなコーチの指導により、日本選手が苦手とされていたスタート動作は日々向上している。バックプレートが導入された当初の国際大会では、日本選手が海外選手に後れをとる光景がたびたび見られたが、今ではさほど見劣りせずレースを進められている。とはいえ、所属先のプールでの練習ではスタート練習ができないケースも多いので、この壁押し姿勢を取り入れて、スタートの動きをイメージしてほしい。

✕ NG①
骨盤が丸まっている

　大殿筋が働かず、股関節をうまく使えないと、骨盤が丸まり、背中も丸まってしまう。これでは真っすぐ前に力が伝わらないし、進行方向に対しても上向きになってしまう。さらに肩の位置が下がってしまい、肩を痛める恐れもある。また胸郭が硬いと、手を前に伸ばす際に肩がしっかり上がらず、胸椎のあたりが丸まった姿勢になる。まず「手を上げる」という基本的な動作を大事にしよう。なお、後ろから見た時に骨盤が左右どちらかに傾いてしまうのもNG。自分では真っすぐ押しているつもりでも、殿筋の左右差があると弱いほうが下がる傾向がある。これも後ろから見て確認してもらいながら押すようにしよう。

✕ NG②
胸が落ちている

　このように、背中を真っすぐ伸ばして押そうとするあまり、胸椎を反りすぎて胸が落ちてしまうケースが水泳ではよくみられる。これでは逆に真っすぐ前に押せず、肩を痛める危険性もある。

バランスボールプッシュ
スタート動作のシミュレーション②

前に押しながら進む

　しっかり壁を押せるようになったら、今度は前に押して進んでいく感覚が重要になる。体幹を固定し、大殿筋を使って前方に押すことで、より実際に近い形でスタート動作の飛び出しから入水にかけてのシミュレーションを陸上で行うことが可能になる。ここではバランスボールを使った方法を解説する。バランスボールがクッションになるため前に押す感覚がわかりやすく、また不安定性があるので肩や体幹、股関節の安定性を高めるトレーニング効果も期待できる。

①基本姿勢◎ボールをプッシュ

　前項の壁プッシュと姿勢は同じ。足を肩幅くらいに広げ、手と体幹を真っすぐ伸ばす。その姿勢でバランスボールを押してみよう。背中を丸めず、骨盤から手までを一直線に保った状態で、腹筋をしっかり固めて押すこと。まずはボールの柔らかさを利用し、前に数回押してみよう。ボールがクッションになるので、前に押す感覚を感じやすい。この時も大殿筋を収縮させ、股関節を使って前に押すイメージが重要だ。

体幹を硬めて

②そのまま前に進む

ボールを押せるようになったら、前に進んでみよう。ボールを押しながら、大殿筋を意識して前に進んでいく。パートナーがボールを持ち、少しずつ後ろに下がっ

ていくことで、ゆっくり前に進むことができる。体幹は固定し、姿勢を崩さないよう気をつけよう。

一歩ずつ前に進む

✕ NG① 骨盤が丸まっている

大殿筋が働きにくい場合や股関節が硬い場合、骨盤が丸まり、背中も丸まってしまう。これでは真っすぐ前に力が伝わらず、前へ進むことができない。股関節が不安定だと、上半身も方向が定まらず、押す方向に体幹を向けて一直線をキープすることが難しくなる。

✕ NG② 胸が落ちている

壁プッシュと同様、良い姿勢を意識しすぎるあまり胸椎を反りすぎて胸が落ちてしまう形。これでは真っすぐ前に押せず、力がボールに伝わらない。肩を痛める危険性もある。特に関節が緩めの選手は、この姿勢になりやすいので気をつけよう。

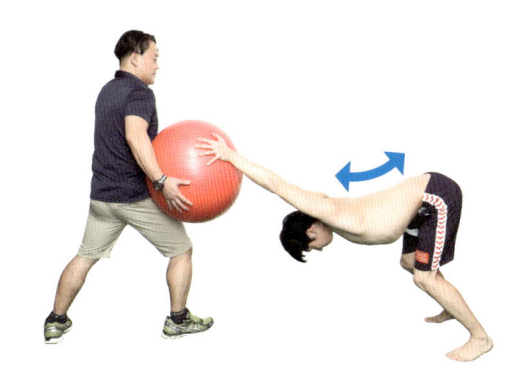

アドバイス

基本動作は壁にボールを当てて行ってもよいし、パートナーにボールを持ってもらってやってもいい。前に進むトレーニングでは、パートナー同士で押し合いながら前に進む感覚をトレーニングしてみよう。決して腹筋を緩めず、しっかり固定して行うことが重要だ。

前転→ストリームラインジャンプ
ターンアウトのトレーニング

真上に
飛び上がる

②ストリームラインを
とってジャンプ

　前転が終わり足の裏が床に着いたら、そこから素早くストリームラインをとって真上に飛び上がる。脚だけで飛び上がろうとすると姿勢が崩れてしまうので、上半身にもしっかり力を入れて飛び上がろう。この時、前や後ろに飛んでしまうのは、下半身の筋力バランスが悪い可能性がある。スクワット同様、殿筋群の収縮を意識して飛び上がろう。

アドバイス

　小学生の体育の授業では器械体操で前転や後転、側転など、さまざまなマット運動を行う。しかし中学高校と進むにつれて体育の授業時間が減り、だんだんと運動のバリエーションが減ってきてしまう。小学生は継続して、中高生や大学生は体育の授業を思い出して、マット運動をやり直してみよう。

小さく回って真っすぐ飛ぶ

　ターン動作のメカニズムについて、「小さく回ってしっかり壁を蹴るターンアウトが望ましい」と解説した。蹴る動作についてはさまざまなCKCトレーニングを解説してきたが、ではターンそのものはいかにトレーニングすべきだろうか。

　ターンはなるべく小さく回る必要があるが、実はこれがなかなか難しい。泳ぐ時は真っすぐ伸びてなるべく固定しなければならないが、ターン動作では真逆の動きで小さく丸まることになる。泳ぐ姿勢が良くて速く泳げるとしても、ターンがうまいとは限らないのだ。その動作を陸上でできない人が、水中でできるはずはない。まずはしっかり陸上で前転を行うことから始めよう。

しっかり床を蹴って飛ぶ

　小さく前転できたら、そのまま股関節と膝、そして足関節を使ってしっかり床を蹴って飛び上がる。真っすぐ飛び上がることが重要で、素早くストリームラインをつくって飛び上がろう。小さく回れれば、下半身の関節が曲がり、より強いパワーを発揮できる。この時、膝が痛い人は無理に飛ぶ必要はない。股関節が弱いか、太もも前側の大腿四頭筋が硬いため、膝にストレスがかかっている可能性がある。まず大腿四頭筋のストレッチをしっかり行い、大殿筋のトレーニングをやり直してから、膝の痛みを感じない程度に飛ぶよう心がけよう。

①まず前転

小さく転がる

　これは通常の体操で行う前転と同じ。久しぶりの人や苦手な人はやり方を確認しながら行おう。しゃがんだ姿勢からスタートし、頭を身体の前にもぐらせるようにして身体全体を丸める。そもそもここで背中が丸まらず、平たいまま前転しようとすると、きれいに転がることができない。その場合は胸郭や広背筋、股関節のストレッチをやり直そう。

雑巾ダッシュ
雑巾がけでスタート強化

滑るタオルは関節の安定性を高める

乾いたタオルは床の上でよく滑る。この特性を利用してトレーニングを行うと、不安定な状態で踏ん張らなければいけなくなるので、トレーニングの負荷が上がる。またしっかり身体を固定しないといけないので、関節周りの筋肉を多く使うことになる。

雑巾がけの姿勢は入水姿勢と似ている

タオルトレーニングの極めつけが、いわゆる雑巾がけだ。体幹と腕を一直線に伸ばし、尻の殿筋群を使って前に進む動きは、まさに水泳のスタートから入水の局面と同じような身体の使い方といえる。しかし、入水姿勢のように手をしっかり上げていないと、トレーニング効果は減少してしまう。胸椎を伸ばし、しっかり手を上げて、腹筋で体幹を固定することが重要だ。また股関節も十分に曲がらないと、この姿勢を取りにくい。まさにスタート姿勢やターン動作の下半身の使い方につながる。下半身もしっかり曲げて床を蹴ることを心がけよう。

基本動作

両手を伸ばし、手から股関節までが一直線になる姿勢をとる。この姿勢から前方に雑巾がけでダッシュする。上半身は動かさず、腹筋で体幹をしっかり固定しよう。殿筋群を使って、股関節を動かして進むのがポイントだ。

胸を反る
大殿筋
腹筋

✕ NG① 背中が丸まる

　胸郭が硬く手を上げにくい場合、このように背中が丸まってしまう。これでは入水時に抵抗がかかってしまううえ、アウターユニット後斜系がうまく働かないため殿筋群を使いにくくなってしまう。今一度、胸郭のストレッチや胸椎伸展トレーニングをやり直そう。

✕ NG② 胸が落ちる

　逆に胸椎を伸ばすことを意識しすぎると、このように反りすぎて胸が落ちてしまう。これでは胸が抵抗になり、かつ肩の安定性も低下するため逆効果だ。腕が耳より後ろに行きすぎないよう気をつけよう。

✕ NG③ 骨盤が丸まる

　股関節が硬い場合は骨盤が丸まってしまう。スタートのメカニズムで説明したように、これでは殿筋の働きは前ではなく上に向かってしまうことになる。しっかり股関節をたためるようにストレッチをがんばろう。

アドバイス

　この雑巾ダッシュでは学校の掃除の時間を懐かしく思い出す方も多いだろう。筆者も、子どもの頃にまじめに雑巾がけしていたら、もっと良いアメフト選手になったのではないかと思ったりする（雑巾がけのバイオメカニクスを考えながらやる小学生などいないだろうが）。床もきれいになるし、身体は鍛えられるしで一石二鳥。しっかり腹筋で体幹を固定し、殿筋群に力を入れ、スタート姿勢を意識して行おう。速さではなく、姿勢が大事だということを忘れずに。

第4章　下半身トレーニング応用編（荷重系）

発達とトレーニング

　リハビリテーションの考え方では、赤ちゃんの発育発達過程の身体機能を参考にする方法が昔から行われてきた。寝ている状態から起き上がり、さらに立ち上がるという過程は、まさにトレーニング効果の積み重ねといえるからだ。

　赤ちゃんの発達過程では、まず3〜4か月で首がすわり、頭を自由に動かせるようになる。これは寝た状態で頭を持ち上げ、いろいろな方向に動かすことによって、首の筋肉が鍛えられるという流れだ。生まれて最初のトレーニングといえるかもしれない。

　その後、7〜8か月経った頃から「おすわり」ができるようになる。首がすわることで上半身を立てることが可能になり、手を着いたり、前後にバランスをとったりしながら、徐々に体幹の筋力が向上していく。そしてハイハイをする前に、「ずりばい」という動きが始まる。このずりばいは「パピーポジション」と呼ばれ、肘を着いて前に進む「ほふく前進」と同じメカニズムといえる。

　では、赤ちゃんがずりばいを行う意味はどこにあるのだろうか。

　実はずりばいという動作には、赤ちゃんが立ち上がるための重要なトレーニングの役割がある。まず肘を着いて前に進むため、腕力を使わず肩甲骨周りの筋肉を使って上体を起こすこと

になり、肩甲帯の安定性が高まる。そして背筋群も強力に使って上体を起こすことから、肩甲帯と背筋が十分に鍛えられる。こうして上半身がトレーニングされた後、徐々に脚を動かすようになり、股関節の筋力が高まっていく。腕力と股関節を使って体幹をさらに持ち上げ、よつばいで動けるようになるのが、ハイハイの状態だ。

　生後1年をすぎた頃から立ち上がる赤ちゃんが多いが、立ち上がってすぐの段階は、脚を横に開いて歩く「ワイドゲイト」という歩き方になる。これは、体幹や股関節の横側の安定性がまだ弱いため、脚を横に広げて安定させる歩き方だ。その後、重力が身体にかかり、骨や筋肉の形が変化して横方向の安定性が高まってくると、徐々に横方向に脚を開く必要がなくなってくる。その結果、前に体重をかけられるようになり、前方へ歩きやすくなることで、歩くスピードも速くなる。

　どうだろうか。トレーニングプログラムにおいて寝た状態で行うマット運動から立った状態でのバランストレーニングへと展開していく流れは、赤ちゃんの発育発達過程と同じ考え方に基づいていることがよくわかるだろう。むしろトレーニングとは、発達過程をやり直しているものといったほうがいいかもしれない。

第5章

全身トレーニング
応用編（腕・脚と体幹の連動）

全身の連動と協調性トレーニングの理解

身体のパーツがそろったら、全身を連動させて水泳動作につなげる

パーツが準備できてもバラバラでは意味がない

ここまで、いろいろな身体の部位を使えるようにさまざまなストレッチやトレーニングを紹介してきた。今までやったことのない動きや感覚を感じられただろうか。しかし、いくらパーツをうまく使えるよ

うになっても、全身を連動させて動かすことができなければ、水泳の動作にはつながらない。なぜなら、水泳で求められるのは全身の動きであり、上半身と下半身を同時に動かすことが重要だからだ。

揚力と推進力を発揮するストロークとキック

人間の「泳ぐ」という動きは、上半身のストローク動作と下半身のキック動作によって前に進む動作であり、「腕を使って前に進む」という動作は人間の動きとしてとても珍しいということを上巻で述べた。この「ストローク」と「キック」を詳しく見てみると、上方向に向かう「揚力」という力と、前方に身体を進める「推進力」の2つの力を発揮していることがわかる。

実は、上級者のバタ足キックでは左右のキックによって揚力を打ち消し合うことで前に進む推進力を発揮しており、ストロークでは揚力と推進力が発生しているといわれている。これが初心者になると、キックでの推進力は少なく揚力が大きくなると考えられている。いずれにしても、上に浮く力と前に進む力を腕と脚で発生させることで、「泳ぐ」という動作ができていることになる。

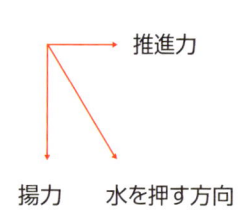
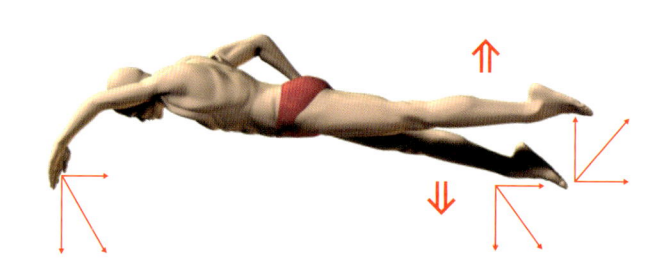

推進力

揚力　　水を押す方向

自由型における推進力（karpovich　1935）

真っすぐ進むためのプルとキックの働き

ストロークとキックは、「真っすぐ前へ進む」という点でも、お互い重要な働きをしている。プルだけで前に進もうとしても、身体を真っすぐ維持して前に進むのは難しい。そこでキックとプルの作用をお互いに利用して、姿勢を真っすぐ維持しているのだ。このように、泳ぐという動作は上半身と下半身の絶妙なコンビネーションの上に成り立っている。

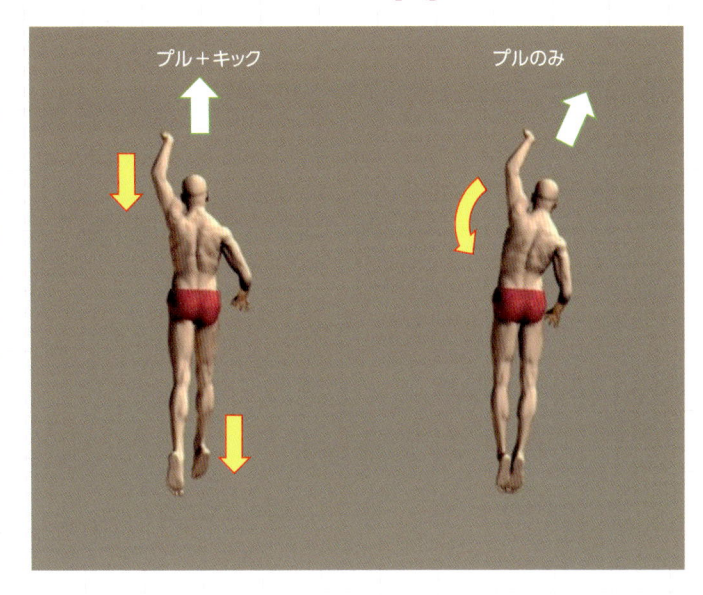

プル＋キック　プルのみ

協調性トレーニングとは

近年は「協調性トレーニング（コーディネーショントレーニング）」という用語がよく使われる。このトレーニングについて簡単に説明してみたい。

協調性トレーニング概念は旧東ドイツで開発されたトレーニング体系の一部分で、運動の習得に必要な能力の開発のためのトレーニングといわれている。つまり、競技スポーツを始める前提としての準備となるものだ。そしてここで指す協調性には、右の7つの要素があるとされている。

なお第5章で解説する全身的なトレーニングは、①バランス能力、④連結能力、⑥リズム能力の要素のみを含んだトレーニングであり、それ以外の要素は別の方法でトレーニングする必要がある。

〈協調性の7要素〉
① バランス能力：崩れた体勢を立て直す能力
② 定位・空間認知能力：動いている物と自分の位置を空間的に把握する能力
③ 識別能力：手足と視覚を連携調整する能力
④ 連結能力：タイミングよく身体全体を滑らかに動かす能力
⑤ 変換能力：状況への予測・対応能力
⑥ リズム能力：いわゆるリズム感
⑦ 反応能力：適切に反応して動く能力

アドバイス

身体のパーツがそろわなければ全身を動かすことはできないが、パーツが動いたからといって全身を上手に動かせるわけではない。さらに協調性トレーニングは簡単にできる内容ではなく、「難しいことをできるようにしていく」という過程が重要だといわれる。筋力だけの問題ではなく、神経や視覚などいろいろな情報や経験を通して運動能力が向上していくことが重要なのだ。体幹を中心に上半身と下半身をそれぞれ連動させて動かすトレーニング（協調性トレーニングの一種）で、全身をまんべんなく動かそう。

アンバランス（ストレッチポール）

上半身の体重移動でバランスをとる

ステップ①
基本姿勢

　本項では、ストレッチポールを使ったバランストレーニングを紹介する。まずはストレッチポールの上に仰向けになろう。最初はバランスをとるために両手を床に着いてOK。そして下腹部を軽く凹ませて締める。これが基本姿勢になる。

ステップ②
片脚伸ばし

　基本姿勢からゆっくり片脚の膝を伸ばして脚を上げていく。この時、上半身がグラグラするので、床に着けた両手でしっかり支えよう。その後、伸ばした脚を一度下ろしてから、反対側の脚を伸ばして上げる。これを交互に繰り返す。もし脚を真っすぐ伸ばすのが難しい場合は、膝を軽く曲げたところで止めてもいい。徐々に片脚を浮かせた状態でバランスをとることに慣れていこう。

ステップ③
片脚上下スイング

　片脚を伸ばせるようになったら、伸ばした脚を上下にスイングしよう。片脚が常に浮いた状態になるので、ステップ②に比べより不安定になる。脚を上げる高さは、反対側の曲げている脚の膝あたりが目安。下ろす時は

腰を反らないよう注意し、最初はゆっくり動かすことが重要だ。慣れてきたら、徐々に押さえている手の力を減らして、上半身の体重移動でバランスをとってみよう。

ステップ④
両手を胸の前で組む

　自信がついたら、手を床から離し胸の前で組んでみよう。不安定感がさらに増すはずだ。これも最初は片脚ずつ曲げ伸ばしを繰り返すことから行い、慣れてきたら上下スイングに進む。両手が床から離れているので、ポール以外で床に着いているのは片方の足の裏だけになる。慣れないと支えている側の脚が力みがちになるが、踏ん張ろうとすればするほど力んで硬くなり、逆にバランスをとりにくくなる。あまり力むようであれば、接地している足を少し横にずらしてみよう。力まず、上半身の体重移動を使ってバランスをとれるよう練習しよう。

ステップ⑤
両手を上げる

　手を組んだ状態をクリアしたら、いよいよ腕を上げて行う。水泳選手は不安定な水中で、ストリームラインを組んだ状態でバランスをとらなければならない。そのため腕を上げた姿勢で腰を反らずバランスをとる練習が必要になる。まずは片脚ずつ交互に上げ下ろしし、できたら片脚の上下スイングを繰り返す。腕を上げると胸郭が持ち上がって腹筋に力が入りにくくなり、腰が反りやすい。力んで固める必要はないが、下腹部を締める感覚は忘れないこと。

ステップ⑥
脚を上げて内外スイング

　ステップ⑤までできるようになったら、最後は上げた脚を横方向に開閉してみよう。上げ下ろしに比べ横方向に大きな力がかかるため、上半身の体重移動をさらに大きくとらなければならない。ただし、大きく移動しすぎるとその分ポールから落ちやすくなるので、最初は脚を広げる幅は少しでOK。バランスがとれる範囲で、徐々に動かす幅を広げていこう。これも床に手を着く形から、手を胸の前で組む形、腕を上げる形の順に難度が高くなる。

床に手を着く形　　　**手を胸の前で組む形**　　**腕を上げる形**

アドバイス

　腹筋に力を入れようとすると、力で全身を固めてしまいがちだが、不安定な状況でバランスをとるためには、ガチガチに固まるのではなく、むしろ適度に身体を動かす必要がある。特にこのエクササイズは、胸郭が適度に動かないと上半身の体重移動ができない。また水泳のように支点がない状態で浮いている時間が長くなると、身体のバランス感覚が悪くなり、普段の姿勢まで悪化する人がいる。そういった場合はストレッチポールの上に乗ってトレーニングすると、真ん中の基準線を認識できるので姿勢を真っすぐに戻すことができる。

サイドアーク ①膝立ち

胸郭を伸ばしながら横腹の筋肉で支える

胸郭と腹部を連動させ、滑らかに動かす

膝立ちサイドアークは、水泳で重要な「手を上げた状態で腹筋を使えるようにする」ためのエクササイズだ。ストレッチとトレーニングの要素を兼ね備えており、腰痛の予防やパフォーマンス向上にとても効果的。動きとしては腕を上げた状態で体幹を横に倒すというシンプルなものだが、体幹の横側全体を使うためには、胸郭をストレッチしつつ横側の腹筋で支えなければならない。腕を上げると腹筋に力が入りに

くいので、この動作を正確に行うのはかなり難しいはずだ。

この時に使うのは、肋骨の間にある肋間筋と、腹の横側にある腹斜筋。体幹の横側は胸郭と腹筋というように分けて考えられがちだが、実際に動かす時は体幹を全体的に動かすことが多く、バラバラで使うことはほとんどない。胸郭と腹部を連動させ、滑らかにまんべんなく動かせるようになることが重要だ。

基本動作

片膝立ちになり、両腕を上げる。最初はボールなど軽いものを持とう。もし肩が硬く腕を上げにくい場合は、棒のようなものを持って上げやすい幅に腕を広げるといい。腹筋に力を入れて上体を支える準備をし、そこから前に出している脚側へ上体を倒していく。この際、腰から真っすぐ倒すと、肋間が広がらず腹筋で支えているだけになってしまう。弓の弧（アーク）を描くように曲げながら倒すことで、より肋骨の間を広げながら腹筋で支えることができる。

胸郭は
ストレッチ

腹筋は
固定

アドバイス

このトレーニングも、器具を使ったさまざまな負荷のかけ方がある。メディシンボールやダンベル、チューブなど、身近にあるもので工夫して負荷を調整するといいだろう。小中学生でまだ身長が伸びている時期は、軽めのメディシンボールやダンベル（1〜2kg）を持って10回2セットが目安。身長が伸びてある程度筋肉がついてきたら、徐々に重く（5kg前後）していこう。

横から見た形

両手を上げた時の姿勢を、横から確認してみよう。腰を反らず、しっかり胸を張って腕を上げられているだろうか。これができなければ、胸郭の可動性が悪く、正確に腕が上げられていないことになり、腹筋に力が入りにくいので腰にストレスがかかってしまう。腹筋に力が入らない場合は、胸郭のストレッチを行ってから再度チャレンジしよう。正しいスタート姿勢がとれたら、腰を反らないよう胸を張って横に倒していく。この時、少し胸郭をねじることがポイント。この回旋により、胸郭のストレッチ感と腹斜筋の収縮感が増す。ただし腰をねじるのは腰を痛める原因になるので×。

腹筋

左右差を確認しよう

前から見た時、なるべく左右対称になるよう動かそう。硬くて動きにくかったり、腹筋で固定しにくく倒しづらい側があるかもしれない。なおこのメニューは大きく倒せばいいわけではない。股関節から体幹全体をまんべんなく曲げられるよう、鏡などで確認しながら行おう。

✕ NG① 体幹が曲がっていない

肩から先の腕だけが曲がっていて、体幹部は曲がっていない。これでは肋間筋のストレッチにも腹斜筋のトレーニングにもならない。

✕ NG② 腰が反っている

倒した時に腰が反ってしまう人がいる。胸郭が硬いことが原因の場合もあるが、多くは背筋に対し腹筋が弱い人に見られる現象だ。腰痛を予防するどころか腰痛になりやすい動きになってしまう。

第5章 全身トレーニング（腕・脚と体幹の連動）

109

サイドアーク ②立位

より難度の高いサイドアーク

立位になることで下半身のバランスも必要になる

前項の膝立ちサイドアークは膝を着いている分、安定した状態でトレーニングできるが、立位サイドアークは立った状態で腕を上げて体幹を横に倒すため、よりバランスをとるのが難しくなる。特に手にボールなどを持って行うと、軽いボールでもかなり重く感じるはずだ。その理由は、立位になることで上半身だけでなく下半身も使うから。胸郭だけでなく股関節も動くため、両方をバランスよく動かさなければならないのだ。

この時に使っているのは、胸郭にある肋間筋と股関節の横から太ももにかけての大腿筋膜張筋、その間にある腹斜筋。これらをまんべんなく動かすためには、胸郭と股関節をストレッチしつつ、腹筋でしっかりと固定することが重要になる。腹筋が不安定だと、安定して胸郭と股関節を動かすことができない。最初は重りを持たなくてもいいので、しっかり腹筋の力を入れてバランスをとって動かすようにしよう。

基本動作

立った状態で片脚を前に広げ、両腕を上げる。最初はボールなど軽いものを持とう。もし肩が硬く腕を上げにくい場合は、棒を持って上げやすい幅に手を広げるといい。この時点で腹筋に力を入れて上体を支える準備をし、前に出した脚側へ上体を倒していく。胸郭だけでなく股関節もしっかりと動かすために、少し骨盤を外に出すようにしよう。腹筋で支えながら胸郭と股関節を動かし、弓の弧を描くように曲げながら倒していく。

胸郭

腹斜筋

股関節

アドバイス

前項同様、このトレーニングもさまざまな負荷のかけ方があるので、メディシンボールを使ったり、ダンベルを使ったりして負荷を調整しながら行おう。ただし膝立ちよりもかなり重く感じるので、安易に負荷を上げず、まずはしっかり腹筋を使ってバランスをとることを重視しながら進めよう。

横から見た形

　スタート姿勢で両腕を上げた時、腰を反らさずしっかり胸を張って腕を上げられているか確認しよう。これができないのは胸郭の可動性が悪いケースで、腹筋に力が入りにくく腰にストレスがかかる。きちんと姿勢がとれたら、腰を反らないよう胸を張って股関節を伸ばしながら横に倒していく。この時、胸郭と股関節を軽くねじると、より胸郭と股関節のストレッチ感が増す。ただし腹斜筋にしっかりと収縮がないと腰を反りながらねじることになり、腰を痛める原因になる。十分に腹筋を使って身体を支えよう。

胸椎 ←

腹筋 →

左右差を確認しよう

　前項と同じく、前から見た時になるべく左右対称になるように動かそう。股関節から体幹全体をまんべんなく曲げられているか、鏡などで確認しながら行おう。

✕ NG① まんべんなく曲がっていない

　前から見た時、胸郭は曲がっているのに股関節が動いていなかったり、逆に股関節は動いているけれど胸郭の動きが少なかったりするケースがある。腹筋でしっかり安定させないと、胸郭と股関節の両方をうまく動かすことができない。まずはしっかり腹筋に力を入れて固定してから全身を動かすようにしよう。

✕ NG② 腰が反っている

　横から見た時に腰が反ってしまうのもNG。胸郭や股関節の前側が硬いことが原因の場合もあるが、多くは背筋に対し腹筋が弱い人に見られる現象だ。腰痛になりやすい動きになってしまう。

サイドアーク ③レッグランジ

もっとも負荷の強いサイドアーク

重心が下がるため、より大きなアーチで大きくねじる

　本項で紹介するのは、サイドアークにレッグランジの動きを取り入れたより高強度のトレーニングになる。上半身の動きは前項と同様だが、股関節と膝を曲げて重心を下げるため、特に後ろの脚の股関節前面に大きなストレッチ感が出る。つまり、より大きなアーチを描き、かつ大きくねじる姿勢になるわけだ。逆にいえば腹筋の固定もより必要になり、ランジ姿勢をキープするために下半身の筋力が求められる。

基本動作

　立った状態で両腕を上げ、腹筋に力を入れて上体を支える準備をする。そこからレッグランジを行い、一歩足を前に踏み出すのと同時に、弓の弧を描くように身体をねじりながら、前に出した脚側へ上体を倒していこう。さらに腹筋で支えながら、股関節と膝を曲げて腰を落とす。胸郭と腹筋に加えて、後ろ脚の股関節前面に強いストレッチ感を感じるはずだ。立位サイドアークは股関節の外側で支えたが、このトレーニングでは太もも前側の大腿四頭筋が伸ばされながら支えている感覚がわかるだろう。股関節をしっかり動かすために、骨盤を少し外に出すといい。

胸郭

腹斜筋

股関節

横から見た形

腰を反らないように、胸を張って股関節を伸ばしながら横に倒しつつ、胸郭と股関節をねじってレッグランジを行う。この時、前側の膝はなるべくつま先より前に出さないように。前に出しすぎると、膝あたりの筋肉がストレッチされすぎて痛くなる場合がある。前側の脚でも支えるが、後ろ側の脚の大腿四頭筋をしっかり使って支えることを意識しよう。

胸郭
腹筋
大腿四頭筋

✕ NG① 腰が反っている

倒した時に腰が反っている。胸郭や股関節の前側が硬いことが原因の場合もあるが、背筋に対して腹筋が弱かったり、後ろ脚の大腿四頭筋の筋力が不足しているためにしっかり支えられず、股関節と膝を伸ばして支えようとすることで腰が反る姿勢になる場合もある。

✕ NG② まんべんなく曲げられていない

腕は横に倒れているものの、胸郭と股関節は動いていない。こうなる人は腹筋の固定力が弱く、後ろの脚の股関節前面も固定できていない傾向が強い。

アドバイス

このトレーニングもさまざまな負荷のかけ方があるが、かなり重く感じるはずだ。負荷を重くするより、しっかり腹筋を使ってバランスをとることを重視して行うようにしよう。

第5章　全身トレーニング（腕・脚と体幹の連動）

V字腹筋
腹筋で上半身と下半身を制御する

腹筋を使って上半身と下半身を持ち上げる

42～43ページで腹直筋を使うトレーニングを紹介したが、本項ではパートナーをつけず1人で上半身と下半身を上げて腹直筋を鍛える「V字腹筋」を紹介する。これまでのトレーニングにしっかりと取り組んでいれば、腹直筋だけでなく、すべての腹筋をきちんと使えるようになっているはずだ。スタビライゼーションのように腹を凹ませる必要はないが、腰を反らないよう下腹は常に意識しよう。

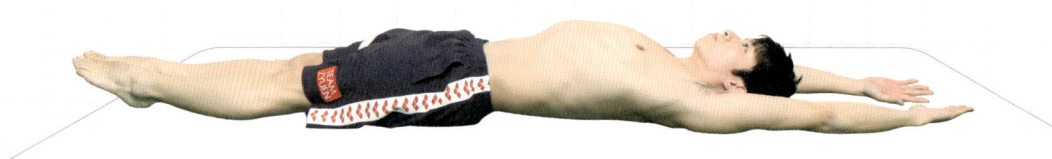

基本動作

仰向けで真っすぐ腕を上げた姿勢からスタート。上半身と下半身をなるべく同じように上げていく。脚だけ上げたり、上半身だけ上げたりしないよう意識しよう。上げきった時、身体をしっかりと折りたためていれば合格。上半身と下半身が同じ角度で持ち上がり、股関節を中心にきれいなV字ができるのが理想だ。下ろす時も同様に腹筋に力を入れ、上半身と下半身を支える。腰を反らないよう注意し、腕と脚を下ろしたところで1セット。これを繰り返す。上げることも重要だが、下ろす際の腹筋のブレーキ作用も重要で、この時の腹筋の収縮感は、水泳のキックやプルで腹筋を使う感覚に近い。腕も脚もしっかり床ぎりぎりまで下ろしてから次の動きに移ろう。

足にタッチ

股関節

応用編
（ボールを使う）

　小さめのボールを使って手と足で受け渡しすることで、しっかり正確に上半身と下半身を上げることが可能になる。はじめは軽くて柔らかいジムボールなどを利用することが望ましい。手で持ったボールを足で挟んで受け渡しをする。慣れてきたら少し重めのメディシンボールなどを利用することでトレーニングの負荷を上げることができる。足で挟む時に足首の手前までしか届かない場合は、上半身の動きが悪く股関節を中心にきれいなV字になっていない可能性がある。上半身と下半身の動きをそれぞれ確認しながら行おう。

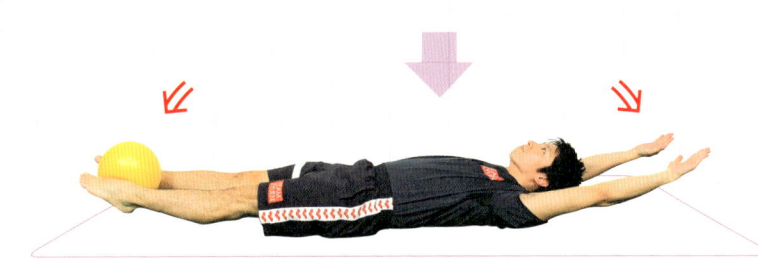

アドバイス

　このメニューは体幹を中心に上半身と下半身を同時に動かすことから、それぞれの動きのバランスを確認するうえでも効果的なトレーニングといえる。上半身が上がりにくい選手や下半身がしっかり下ろせない選手など傾向によってバリエーションがあるが、大事なのは上半身と下半身をまんべんなくしっかり動かすことだ。

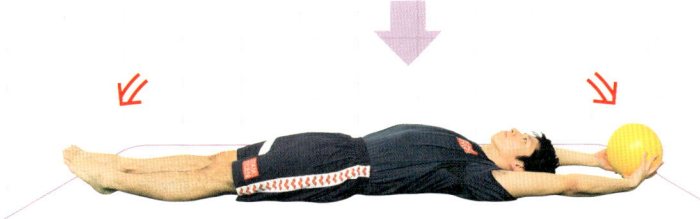

ハンギングニーアップ・ハンギングレッグレイズ

ぶら下がった状態で体幹筋を使って脚を動かす

手を上げた姿勢で脚を動かすトレーニングの決定版

本項で説明する「ハンギングニーアップ」と「ハンギングレッグレイズ」は、ぶら下がった姿勢で脚を動かすことから、腹筋のトレーニングに分類される。しかし、体幹筋によって上半身と下半身を連動させるという意味では、全身を使った難易度の高いトレーニングといえるだろう。

特に、ぶら下がった状態は強力なけん引力が肩と胸郭にかかるため、非常に腹筋に力が入りにくい状態になる。その状態で脚を動かすことは、泳動作におけるストロークとキックの関係性に似ている。

まず腹筋で腰の動きを止め、膝を持ち上げる

このトレーニングは、太ももの前側にあまり収縮感が入らないほうが望ましい。そこでまずはニーアップを行い、太ももの付け根にある腸腰筋の作用で股関節を曲げ、膝を持ち上げる感覚をつかもう。

この時、腸腰筋の一部である大腰筋が腰に付着していることから、腰を反りやすい。この動きを腹筋でコントロールすることが重要だ。こうした腸腰筋の働きは、平泳ぎのキックで足を引きつける際の動きに近い。

①ハンギングニーアップ（膝上げ）

まずはぶら下がった状態から膝を持ち上げる。身体が前後に揺れないよう注意し、ゆっくり上下させよう。腹筋を使い、腰が反らないように上げるのがポイント。腹筋が使えないと股関節だけが曲がることになり、十分に膝が上がらない。身体が揺れないように腕と腹筋でコントロールしながら動かそう。

腹筋で膝を上げる

〈強度アップ〉
②骨盤を丸める

　骨盤をコントロールできるようになったら、もう少し骨盤を丸めて上げてみよう。広背筋と腹斜筋を使って体幹から骨盤を丸める感覚がわかるはずだ。

広背筋

脚の筋力だけではなく広背筋も使う

　腹筋と股関節の前面で動かす感覚がつかめたら、できる範囲で膝を伸ばしていき、より強い負荷で脚を上げてみよう。腹筋への負荷がとても大きくなり、トレーニング効果が高くなる。さらに、大きく動かすために広背筋で体幹が引き上げられることから、肩も動くことになる。この時、脚の筋力だけで上げようとしても絶対に上がらない。もし脚の筋を使いすぎていたり、十分に上がらないようなら、膝上げに戻ってトレーニングしよう。

③ハンギングレッグレイズ（足上げ）

　膝上げが安定してできるようになったら、次は足を手の方向に上げてみよう。膝を伸ばす分テコの柄が長くなり、大きなストレスが体幹にかかる。広背筋を使って体幹を持ち上げ、さらに腹筋群で骨盤を丸めて脚を上げよう。また、特に足を下ろす際に身体が大きく揺れたり腰が反ったりしやすいので、体幹全体でしっかりコントロールすることを心がけよう。

アドバイス

　このトレーニングのポイントは、「腕を上げた状態で、体幹筋を使って脚を動かす」ということ。肩から体幹、脚までを連動させて動かすことから、特にドルフィンキックやバサロキックが苦手な選手には効果的なメニューといえる。

キャタピラ

同じ動作を繰り返すことで体幹筋群を使い続ける

「ねじる動き」と「腹筋を使い続ける」が水泳にフィット

「キャタピラ」は、水泳選手なら知らない人はいないというくらいおなじみのトレーニングだろう。クロールや背泳ぎはローリング動作で身体をねじりながら泳ぐので、胸郭から腹部までの体幹全体をねじる動きを続けるキャタピラは、うってつけのトレーニングといえる。また、「腹筋を使い続ける」というのも大切なポイント。1回の動作の負荷はさほど高くないが、移動する間ずっと腹筋を使い続けるので、じわじわと効いてくる。この「使い続ける」ということが、「泳ぎ続ける」競技の水泳において重要になる。

骨盤を右に移動

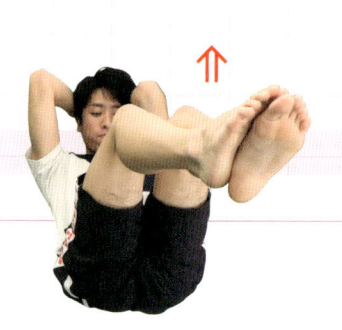
今度は骨盤を浮かせて

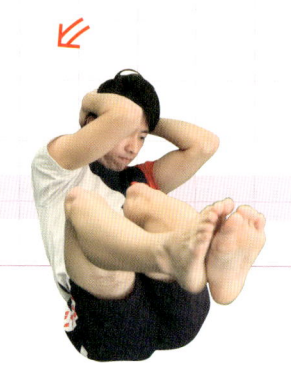
右に移動

そしてまた
上半身を浮かせて

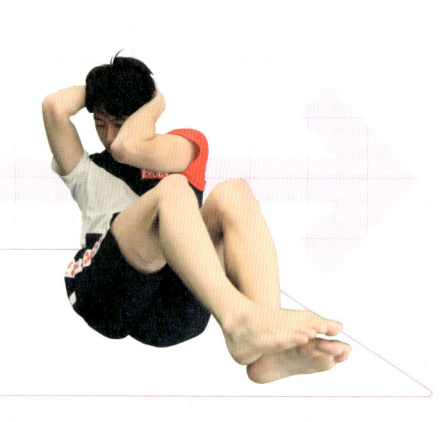
上半身を右へ

基本動作
まずは脚と上半身に分けて動く

仰向けで頭を両手で抱え、膝を曲げて脚を持ち上げる。そこから骨盤を浮かせ、横に動かして床に下ろす。次に肩甲骨が床から離れるくらい上半身を浮かせ、同じように横に動かす。すると体幹が上下でねじれて横に進むことになる。これが基本の動きだ。動きに慣れるまでは、このように骨盤と上半身を交互に浮かせ、ゆっくり休みながら横に動いていこう。

上級編
動きに慣れたら連続で

基本動作をゆっくりできるようになったら、浮かせながら滑らかに横へずらす動きを連続して行い、キャタピラ（いも虫）のように移動してみよう。骨盤と上半身をねじりながらリズムよく移動できるようになれば、腹筋が辛い感覚もなくなってくるはず。そうなれば水泳の動作でも腹筋が使いやすくなる。

スタート

上半身を浮かせて

第5章　全身トレーニング（腕・脚と体幹の連動）

ポイント①
腹斜筋の左右差

キャタピラは、横腹にある内腹斜筋と外腹斜筋を使って体幹をねじる。この筋肉に左右差がある場合、ねじりやすい方向とねじりにくい方向が出てくる。実際にやってみると、動かしづらかったり進みにくい方向があるはずだ。その場合も、がんばって動かし続けよう。左右差がなくなってくると、腹筋のバランスが改善されていく。

ポイント②
上半身と下半身のバランス

真横に進もうとしているのに、上か下へずれてしまう人も多い。上半身の動きが悪い人は、上半身よりも下半身が大きく動くため、頭のほうにずれていってしまう。逆もまたしかり。しかしこれも、ゆっくり確実に横移動を練習することで、だんだんバランスよく動かせるようになる。

アドバイス

水泳は、「循環運動」といってランニングやサイクリングと同様にスタートからゴールまで同じ動作を繰り返し続けることで進んでいく運動だ。そのため、泳いでいる間は常に腹筋を使い続けることが求められる。ずっと全力で緊張させ続ける必要はないが、完全に力を抜いてしまってもいけない。だからこそ、休むことなく腹筋を使い続けることは水泳に役立つ。がんばって取り組もう。

ローリング

体幹の筋肉だけで身体をうまくコントロールする

スタート

右回転

手足は床を
触らない

体幹の筋肉を順番に、まんべんなく使う

　ローリングは、文字通り横方向に交互に転がるトレーニングだ。ポイントは、腕や脚は使わず体幹の前、横、後ろの筋肉を順番に使って回転すること。体幹の筋肉をまんべんなく使うため、使いにくい方向には転がりにくい。体幹筋の左右差を自覚しやすいメリットがある。

初級編
反対側の手と足をタッチ

　反対側の片手と片足でタッチして交互に回転するほうが、左右連続で行いやすい。トレーニングに慣れていない最初のうちは、ここから始めるといいだろう。うまく回れるようになったら、両手両足タッチにチャレンジ。こちらのほうが回る際に両手両足をしっかりそろえなければならないので、回りにくい。

つま先タッチ

基本動作
腕や脚を浮かせ、体幹の筋肉だけで横に回る

　仰向けの姿勢で腕を頭の上に上げ、腕と脚を床から浮かせる。そのまま身体を傾けて回転していこう。1回転したところで両手と両足をしっかりタッチ。これを左右往復で繰り返す。回数の目安は10回転＝5往復。このローリングでは腕と脚が床から浮いた状態で回るので、使っているのは体幹の筋肉のみということになる。

上半身と下半身を同じように動かし、真っすぐ回ろう

　体幹筋が十分に働かない人や胸郭や股関節が硬く動きにくい人は、床を押すために腕や脚を床に着いてしまう。これでは体幹筋を使ったトレーニングにならないので、しっかりとストレッチを行い、腕と脚を浮かせたまま回転できるようにしよう。また、回っていると上や下にずれる場合がある。これは上半身と下半身の動きやすさに差がある場合に見られる現象。上半身と下半身を同じように動かし、真っすぐ横に回れるようにしよう。

アドバイス

　大人になるにつれ、まんべんなく持続的に身体を動かし続けることが難しくなる。ローリングのような動作を行うことで、偏った身体の使い方になるのを予防することができる。なお、ここで紹介するトレーニングは決して特別な動きではないので誰でも取り組めるが、やってみて痛い箇所があれば無理に行わないこと。また最初はできる範囲の回数で行うようにしよう。

つま先タッチ

手足は床を触らない

左回転

四股踏み
立ち姿勢でのバランス感覚を身につける

腹斜筋と反対側の内転筋を使ってバランスをとる

四股踏みは、日本の国技である相撲において「稽古は四股に始まり四股に終わる」といわれるほど重要なトレーニングだ。36〜37ページで腹斜筋と反対側の内転筋が同時に働く筋肉のつながりを説明したが、四股踏みも同様に、腹斜筋と反対側の内転筋を使ってバランスをとるトレーニングになる。水泳選手は立って行うトレーニングが苦手な人も多いので、正しいやり方を習得してほしい。

①基本姿勢

膝をつま先と同じ向きにして脚を広げ、できる限り腰を落とす。股関節をしっかり広げると腰が真っすぐ落とせるので、脚はできるだけ広げる。腰は丸めたり反ったりせず、上半身を真っすぐキープすること。写真では両手を胸にあてているが、慣れるまでは腰にあてる形にすると上半身が安定しやすい。

②脚上げ

基本姿勢ができたら、片脚に体重を乗せ、上半身を倒していく。この時に大事なのは、決して先に脚を上げようとせず、まずは上半身を真っすぐ倒すこと。そうすると、倒れた上半身を支えるために、横腹にある腹斜筋と同時に、支えている脚の太もも内側の筋肉の収縮を感じられる。最初から大きく倒す必要はなく、上半身が曲がらない範囲で、真っすぐ倒すことを意識しよう。

腹斜筋と内転筋で上半身をキープできたらストップ。そこから、上げている脚を横に持ち上げていく。この時使っているのは、股関節の横にある中殿筋だ。腹斜筋、内転筋と反対側の中殿筋を使って、この姿勢をキープしよう。頭と両足の位置が二等辺三角形になっていることが、バランスのとれた四股踏みの形だ。

腹筋で体幹を
真っすぐに

中殿筋

内転筋

応用編①
両手を胸にあてる

　腰に手をあてる基本の脚上げに慣れてきたら、手の位置を胸の前にしてチャレンジしてみよう。手が上がる分、上半身を真っすぐすることが難しくなり、腹斜筋により負荷をかけることができる。

応用編②
両手を頭にあてる

　両手を頭の後ろにあてて行うこの形が難度としては最上級。徐々にステップアップし、この形を目指そう。

✕ NG①
上半身が倒れていない

　脚を上げることばかり考えて四股踏みをすると、内転筋も腹斜筋もまったく使っていないこのような姿勢になってしまう。四股踏みは、身体を倒しながら全身を使ってバランスをとるところに意義がある。脚を高く上げるのが重要ではないということを、もう一度確認しよう。

✕ NG②
腹斜筋で固定できていない

　腹斜筋で固定できておらず、上半身が曲がっている。肩と腰のラインが平行になっていないのが特徴。腹斜筋で固定できる範囲以上に上半身を倒しすぎた場合に、このような姿勢になることが多い。これでは、目的である内転筋と腹斜筋のバランストレーニングにならない。倒しすぎは厳禁だ。

腹斜筋が弱い

アドバイス

　四股踏みは相撲の準備体操のようなもので、四股の踏み方を見れば力士の力量や調子がわかるといわれる。たしかに、全身のバランスがいいと安定した四股踏みができるし、調子が悪ければ四股踏みも不安定になるだろう。体育の授業が減り、プールの中ですごす時間が増えると、こうしたバランス能力が落ちてくる傾向がある。とても効果的なトレーニングであり、特に小中学生の選手には、このように立ってバランスをとるトレーニングを定期的に行ってほしい。

キャッチポジションでの**スタビトレーニング** ①前後スライド

真っすぐな姿勢でボディポジションを高く維持する

キャッチ時に腹筋に力を入れ続ける

泳いでいる時にボディポジションが下がって前に進みにくくなる人は、腰が反って骨盤あたりが沈んでしまっているケースが多い。人間の身体は、腕を上げると腹筋に力が入りにくく、腰を反りやすい構造になっている。腹筋に力が入らない状態でキャッチ動作を行うと、真っすぐな姿勢を維持できず、腰が沈んでボディポジショ

ンが下がる。そのため水泳では、腕を上げた時に腹筋に力を入れ続けるトレーニングが必要になる。この時に働くのが肩甲骨を固定する前鋸筋と腹斜筋群だ。泳ぐ時の姿勢を真っすぐ維持できない場合は、陸上で姿勢を確認しながらトレーニングすることが効果的だ。鏡を見たり誰かに確認してもらったりしながら取り組もう。

①スタート姿勢（ストレッチポール）

ストレッチポールに足を乗せ、「肘−足」支持の姿勢をとる。初めは足首あたりで支えるようにし、慣れてきて足の甲で支えられるようになると、キック動作で水を打つ感覚により近くなる。肘の位置は肩の真下で、肩から足までが一直線になるように姿勢を整えること。腰が反

らないよう、腹筋を使って体幹を安定させよう。尻の殿筋に少し力を入れると、腰が反りにくくなる。また肩に力が入りすぎると、背中が丸まったり肩が上がったりするので、肩甲骨を少し寄せ気味にして肩の力が入りすぎないよう意識しよう。

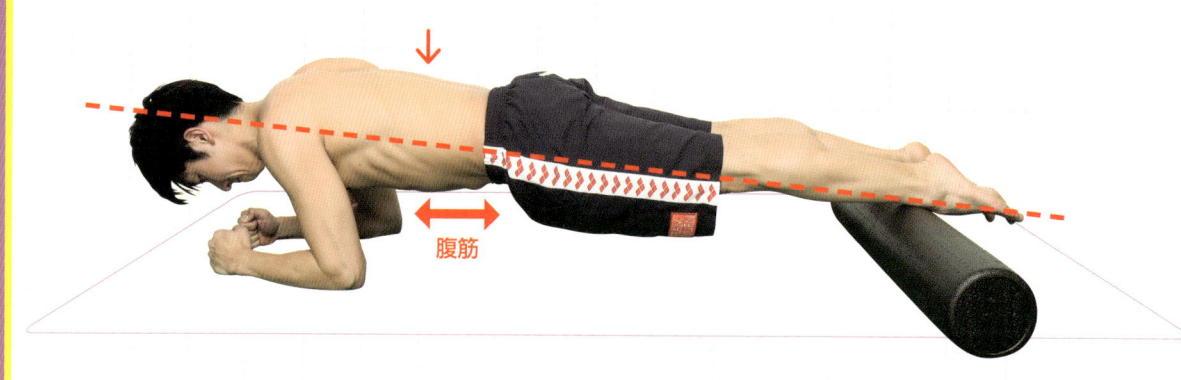

腹筋

②前後移動（ストレッチポール）

基本姿勢がとれるようになったら、ゆっくりと肩を動かして体を前後に動かしてみよう。身体は一直線の姿勢をキープしながら、ゆっくり動かそう。

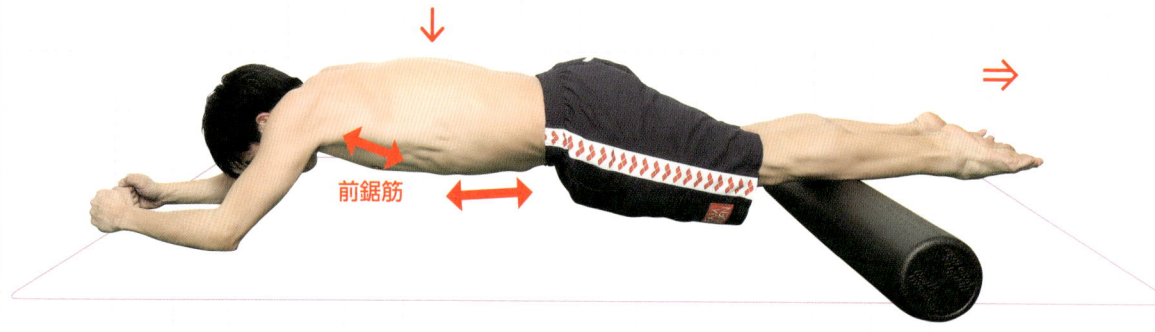

前鋸筋

③サスペンショントレーニング（前後移動）

次にサスペンションを使って同様の動作を行う。サスペンションは左右同じ高さになるよう調節し、最初は足首より少し上あたりで支えるとやりやすい。基本的なポイントはストレッチポール時と同じ。前後移動で後ろに行く時、腕を上げる姿勢になるので腰を反りやすく、腹筋による強力な固定力が求められる。最初は一直線の姿勢を維持できる範囲で、少しずつ動かすようにしよう。慣れてきたら回数と後ろにスライドする距離を増やしていく。10回程度連続して大きく動かせるようになれば合格。

腹筋

前鋸筋

✕ NG
背中が丸まっている

腹筋だけを意識しすぎると背中が丸まりやすい。またスライドした時に下半身が一緒に動いて曲げ伸ばししてしまうケースも多い。体幹から下半身まで一直線になる姿勢を維持しよう。

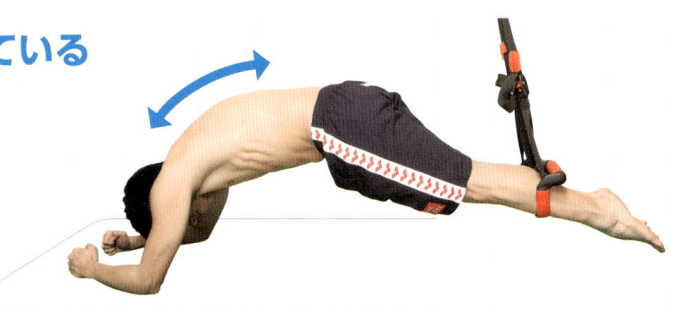

アドバイス

このトレーニングは、動きそのものはかなり地味だが、やってみると難しく、腹筋と殿筋をしっかり使えないと真っすぐの姿勢を維持できないことがわかるだろう。このトレーニングがうまくできるようになると、泳いでいる時の姿勢が確実に安定する。少しずつしっかりと取り組んでほしい。

キャッチポジションでの**スタビトレーニング**②立位前後

腹筋を働かせてキャッチとキックの力が伝わるようにする

強いキックを打つうえでも腹筋が重要

キャッチのポジションは腕を上げた姿勢になり胸郭が持ち上がることから、腹筋に力が入りにくい。だからこそ腹筋に力を入れて腰が落ちないように支える必要があるが、実際に泳ぐ際はキャッチと同時にキック動作も行う。いずれも下向きの力を発揮する動作で、キャッチだけではなくキックも身体を浮かせる重要な力を発揮しているわけだ。この時、主に使っているのは、太もも前の大腿四頭筋の筋力になる。

腹筋が働かないとしっかりしたキャッチ動作はできないが、これはキックも同じ。腹筋に力が入らない状態では腰が落ちてしまい、しっかりとキックを打ち込むことが難しく、大腿四頭筋も働きにくい状態になる。さらにキャッチもキックも力が伝わりにくくなれば、どんどん胸と腰が下がってくるため、がんばっていても前に進まない——という悪循環に陥る。逆にいえば、腹筋がしっかりと働くことでキャッチもキックもきちんと水に力が伝わる。これがボディポジションを高く維持するために必要な要素なのだ。

①スタート姿勢

立った状態でハンドルを持ち、骨盤を反らず、肩甲骨は少し寄せ気味にして、しっかり腹筋を締めて腰が反らないよう準備する。股関節は真っすぐで、肩から膝までが一直線になるのがポイント。肩も上げず、首に余計な力が入らないように。この姿勢で、少し前に倒れた状態からスタートする。

②身体を前に倒していく

スタート姿勢から手を前に伸ばしながらさらに身体を前に倒し、腹筋が使えるもっとも遠いところで止める。腰が反ったり、股関節が曲がったりしないように気をつけよう。下腹と殿筋に軽く力を入れるのが腰を反らないコツ。しっかり止まったら、そこからゆっくりと後ろに戻していく。この時に使うのは、体幹の脇側にある広背筋だ。決して腕や肩で動かそうとせず、腹筋と広背筋を連動させて動かそう。最初はいい姿勢を維持できる範囲で動かすように。回数もできる範囲でOK。深く倒せばいいわけではなく、腹筋で体幹を固定できる範囲で徐々に角度を伸ばし、回数を増やして10回連続して前後に動けることを目指そう。

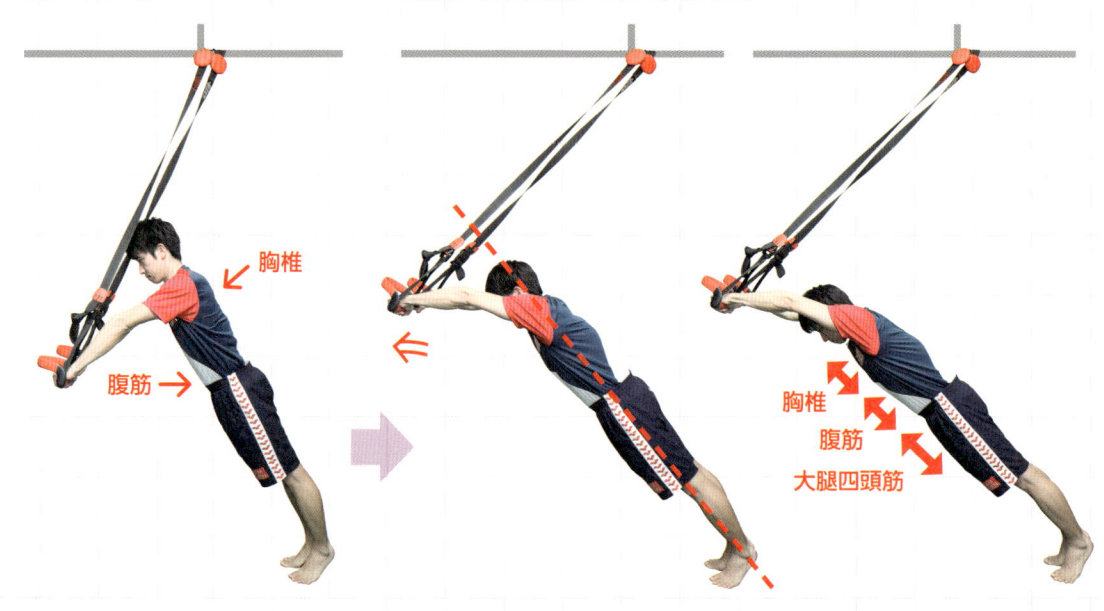

胸椎
腹筋

胸椎
腹筋
大腿四頭筋

③強度アップ

前に倒す角度が大きくなればなるほど、強度が強くなる。慣れてきたら徐々に倒れる角度を大きくしていこう。

✕ NG①
腰が反っている

腹筋に力が入る範囲を超えて前に伸ばしすぎると、当然腹筋の固定が効かなくなり、広背筋のみに緊張が入ることで腰が反ってしまう。腰が反らず、腹筋で固定できる範囲で前に倒れよう。

✕ NG②
胸が落ちている

完全に腕でサスペンションにぶら下がってしまい、胸が落ちている。体幹に力が伝わらず、いいストロークやキック動作ができない。

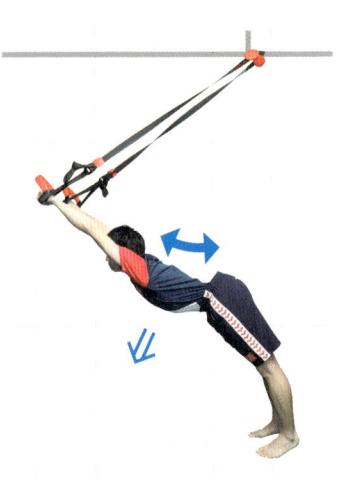

✕ NG③
背中が丸まっている

腹筋を使うからといって、背中を丸めるのは×。また、腕や肩に力が入りすぎると肩甲骨あたりが丸まってしまう。あくまで体幹は真っすぐをキープすること。

アドバイス

このトレーニングは足を地面に着けて立った状態から行うため、体幹と股関節に加え膝や足まで使う関節が広がり、使う筋肉も増える。サスペンションの長さが伸びてトレーニング強度も上がるので、かなり難度が高くなる。前段階のトレーニングを確実にできるようになってからトライするようにしよう。

55 しゃくとり虫
体幹でつなげて全身を連動

上半身と下半身を体幹でつなぐ

これまで繰り返し解説してきた通り、水泳の動作は「腕を上げた状態で行う」という点が最大の特徴だ。さらに腕と脚を両方使って進むという点も、他の運動に比べ特徴的といえる。そのため水泳のトレーニングは、最終的には腕と脚の両方を体幹と連動させなければならない。本項で紹介するしゃくとり虫トレーニングも、上半身・下半身と体幹をそれぞれ連動しつつ一連の動きで動かしているので、とても難易度の高い動きになる。

①基本動作

手を着いて脛の前側をボールの上に乗せる。そこからボールを後ろ方向に転がすと、胸が床に近づいて手がバンザイの姿勢になる。なるべく胸を伸ばすが、腰は反り過ぎないようにしっかり腹筋で固定すること。次に、股関節を曲げて骨盤を引き上げる。膝は曲げ、足の甲で支える姿勢になる。このようにボールを前後に転がしながら、しゃくとり虫のように全身の曲げ伸ばしを繰り返す。

スタート

胸を反る
↓

腹筋

②応用編◎膝を伸ばして

基本の動きがスムーズにできるようになったら、強度を高くしてみよう。前半の動きは同じだが、後半の下半身による骨盤の引き上げで、膝を曲げず伸ばした状態でフィニッシュする。足の甲がボールの上に乗って終わるように、スタートの手の位置は少し遠いところに着く。①のやり方より支点が遠くなり、かつ最後に膝が伸びることで、腹筋への負荷が高くなる。そのため左右にぶれやすくなり、全身のバランスも重要になってくる。

スタート

胸を反る
↓

腹筋

まずは上半身と体幹、次に下半身と体幹

腕を上げた状態からボールを転がして上体を引き上げるのが前半の動きだが、ここまでは主に腕と体幹の連動が重要になる。腕の筋力だけでなく、腹筋と連動して上半身を引き上げることがポイントだ。

後半の運動では、脚でボールを転がして骨盤を引き上げる。ここでは下半身と体幹の連動が重要になり、最後は下腹部に強力な収縮が加わる。腹筋の活動が低いと、大腿四頭筋ばかりが疲労することになる。

以上のように上半身・下半身と腹筋群の連動が不十分だと、腕や肩、あるいは太ももや膝に過負荷が生じることになるため、注意が必要だ。

アドバイス

このしゃくとり虫は正直、かなり高レベルなトレーニングだ。しかし、実は見た目ほど筋力は必要としない。ボールを転がしているだけで、全身でまんべんなく動かすことができれば、力まなくても軽快でスムーズな動きが実現する。

56 爬虫類の動きと赤ちゃんのずりばいのメカニズム

爬虫類と赤ちゃんの動きでトレーニングする意味

爬虫類をヒントに体幹の横側を強化

ドルフィンキックの項で解説したが、ワニのような爬虫類は、魚が進化した結果、陸上で生活できるようになった動物だ。魚のヒレが手足となって地上で身体を支えられるようになっているが、哺乳類のような長さや動きの大きさはないため、前へ進む時は下図のように体幹を横に曲げながら進む必要がある。この動きは多くの魚でも同じで、身体を横にくねくねと曲げることが推進力となっている。

人間も、生まれたばかりでまだ歩けない赤ちゃんがずりばいで前に進む動きは、この爬虫類の動きと同じメカニズムになっている。赤ちゃんはこのずりばいの動きによって、体幹の横側や肩甲骨周りの筋肉が発達する。そして体幹や肩甲骨周りが安定した結果、座ることができるようになり、のちに立って歩けるようになっていくわけだ。つまり人間の発達は、動物の進化の過程に近いメカニズムということになる。そしてこれらのメカニズムは、特に体幹のトレーニングに利用することができる。

爬虫類の歩き方

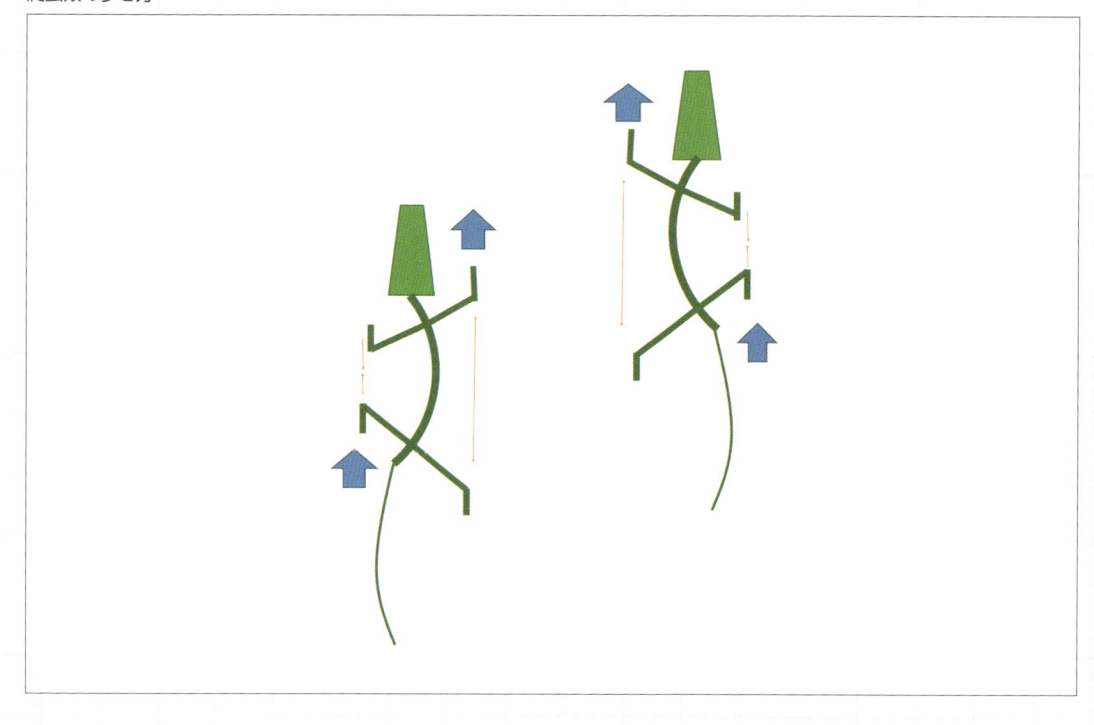

ずりばいの動きとワニの動き

まず、ずりばいの動きを利用して行うトレーニングが「ほふく前進」だ。肘を着いて前に進むことで腕を使うことができず、肩甲骨と体幹の動きのみで進むことになり、まさにずりばいのメカニズムを利用したトレーニングといえる。

さらに爬虫類の動きをヒントにして考案されたのが、「ワニ歩き」だ。このトレーニングの目的は、手足と体幹を連動させた「体幹の横側」の強化。特に、伸ばしている側の腹筋でしっかり支えられるかが重要になる。このトレーニングはかなり強度が高く、上半身と下半身を同時に動かすので、協調性のトレーニングとしても効果が高い。

人間の体幹は前後の動きが大きく、横方向の動きは比較的小さい。横方向は運動性より安定性が求められるが、スポーツ動作では筋力や柔軟性の影響が出やすく、左右差が生じやすい。左右差解消のためには横方向の動きを利用したトレーニングが必要であり、上半身・下半身と連動させるこの爬虫類系トレーニングは、非常に有効といえる。

ほふく前進

ワニ歩き

アドバイス

身体のさまざまなパーツをうまく使えるようになっても、全身を連動して動かすことができなければ、スポーツの動作にはつながらない。体幹を中心に、上半身と下半身をそれぞれ連動させて動かすトレーニング（協調性トレーニングの一種）で、全身をまんべんなく動かそう。

ほふく前進

ずりばいの動きを利用して肩甲帯と体幹を強化

肩甲帯と体幹で前に進む

前項で説明したように、ほふく前進はずりばいの動きと同様に肘を床に着いて体幹を横に曲げながら進む運動だ。肘立姿勢で進むため腕力を使うことができず、体幹を横に曲げてうねらせる動きが前方への推進力になる。この動きにより、内外の腹斜筋や胸郭の内外肋間筋など体幹の横側にある筋群が働くことになり、単なる固定ではなく動かしながら収縮するという分節的な運動が可能になる。

脚が横に揺れないように体幹でコントロール

ほふく前進では、下半身は床を滑らせて前に進む。まるでトカゲのしっぽのような動きだが、脚をただ滑らせるだけでは横に揺れてしまい、前に進む動きの抵抗になる。そのためほふく前進では、下半身は横に動かないよう極力固定して進むことが望ましい。

この作用、実はクロールなど対角線の動きで泳ぐ場合のストロークと泳姿勢の関係に似ている。ストローク動作のみで前に進むと、体幹より下の部分は横にぶれやすい。泳いでいる姿勢が真っすぐにキープできるのは、前述のようにストロークとキックが対角線上でバランスを取り合っているからだといわれている。しかし、体幹の横側にある腹斜筋群や腹横筋などでコントロールできれば、キックに頼らずとも脚が横にぶれにくくなる。逆にいえば、体幹筋群を使うことで姿勢を安定させられれば、ストロークとキックは姿勢維持の役割が減り、前に進むことに集中できるわけだ。

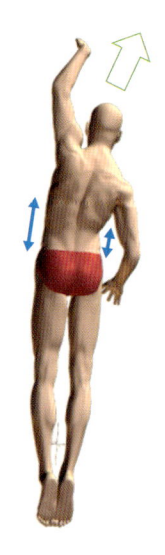

プルのみでは身体は曲がりやすい

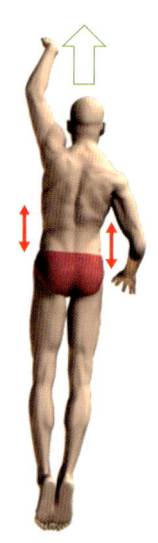

体幹が安定すれば
プルだけでも真っすぐ進む

①基本姿勢

　肘立姿勢で開始する。肩から足まで一直線になるように。あまり背中を丸めないほうが望ましい。脚は、滑りやすい場所であれば足の甲の部分を床に着ける。滑りにくいようであれば、タオルやスライドトレーニング用の道具を足の甲に当てて滑りやすい状態にしよう。

腹筋

②肘を交互に出して前進

　左右の肘を交互に前に出して前進する。肩甲骨をしっかり動かして肘を前に出そう。この動きと連動して、体幹が横に曲がりうねりながら前へ進むことになる。この時、横方向に大きく動きすぎないように体幹の横側の筋肉でコントロールしよう。

スタート

アドバイス

　欧米人が日本人よりも背筋力が強い理由の一つとして、ずりばいの期間が長いためではないかといわれている。身体が大きい欧米人の赤ちゃんは立ち上がるまでの時間が長く、そのためずりばいを十分に行うことで、背筋と肩甲骨周りがしっかりしているという考え方だ。そうであるなら、ほふく前進のトレーニングを行うことで同様に体幹を鍛えることも可能なはず。今からでも遅くはない。

ワニ歩き

さまざまな部位を同時に動かす効果的トレーニング

伸ばす側の横の腹筋で身体を支える

「ワニ歩き」はトレーニングの本場アメリカでも「アリゲーター」という名前で広く知られており、多くの水泳選手がやったことのあるエクササイズだ。このワニ歩きは、いろいろな部分が同時に動く非常に難しいトレーニング。しかし泳ぐ動作に通じる点が多くあり、上半身・下半身と体幹の連動という点から、水泳選手にとってとても有効なトレーニングになる。トレーニングの目的は「体幹の横側」で、特に伸ばしている側の腹筋でしっかり支えられるかが重要。ここではトレーニングの進め方と注意点を説明する。

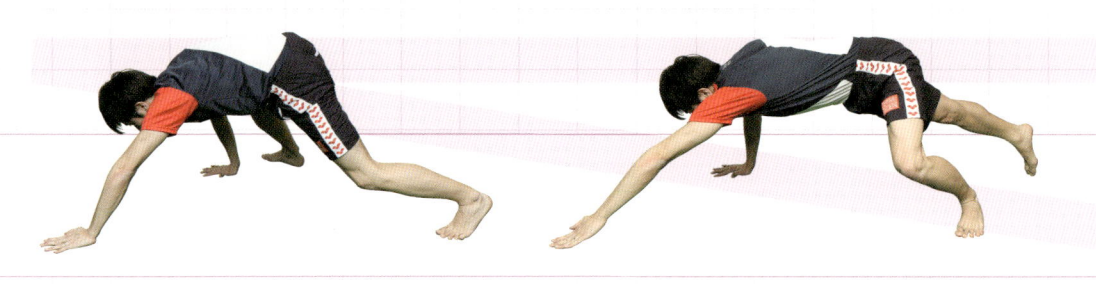

胸を反る
↓

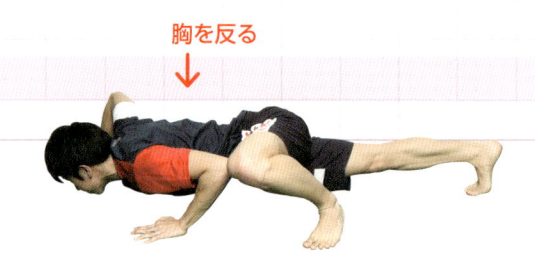

①基本動作

　注意すべきポイントは3つ。まず背中は丸めないようにして、肩甲骨を寄せ、胸はしっかり伸ばす。後ろに伸ばしている脚の股関節と膝もしっかり伸ばそう。腹筋に力を入れ、腰が反らないように固定することも重要だ。ワニのように、横から見た時になるべく身体が床と平行な状態をキープすることで、「体幹を固定しながら動く」というトレーニング効果が期待できる。

アドバイス

　いろいろな部位を同時に動かすため、最初のうちはかなり難しく感じるかもしれないが、慣れてくると自然に身体が動くようになる。まずはその場で手足を入れ替え、左右の動きを確認してみよう。回数にこだわる必要はないので、この姿勢で数秒間キープするのが第一段階。どこかに力が集中せずまんべんなく身体を使えるようになったら、ゆっくり前に進んでみよう。

②連続して前に進む

動作を連続で見ると、手足を遠くに着いている側と近くに着いている側が交互に入れ替わって進むのがわかる。この時に重要なのは、手足が遠く伸ばされている側。腹筋をはじめ、肩周りや太もも前の筋肉をしっかり収縮して支えよう。ただし爬虫類のように体幹を横に曲げる必要はなく、むしろトレーニング効果を高めるためには適度に体幹を固定したほうがいい。左右なるべく同じように動かして進むことが重要だ。

胸を反る

スタート

腹筋　　大腿四頭筋

✕ NG① 股関節が曲がっている

後ろ脚の股関節や膝が曲がるのは✕。骨盤が高く浮き上がってしまい、太もも前や腹筋に力が入らない。

✕ NG② 前の肩が落ちている

肩甲骨を結んだラインは真っすぐキープすること。この時、肩を前に突き出すのもNGだ。肩の前側にある腱を伸ばしてしまったり、肩の後ろの筋肉を挟んでしまったりする危険性がある。これは、水泳で肩を痛めるメカニズムと同じ。泳いでいて肩が痛くなる人は、特に注意して行うようにしよう。

入水前の体操メニュー

水泳に必要な可動域を確保し、筋肉を動かす準備をする

泳ぐ前に必要な陸上での準備

練習やレースの際は、まず泳ぐ前に陸上で身体を動かすことから始めるはずだ。その際、いきなりトレーニングを行うのではなく、まず体操のように軽く大きく身体を動かしてから、自分なりのストレッチやトレーニングを始める人が多いだろう。この体操のポイントは、胸郭・股関節をしっかり動かすこと。今までに何回も説明しているが、これらの場所はとにかく硬くなりやすい。泳ぐ前にもっともしっかりと動かさなければいけない部位なので、その部分をしっかり意識しよう。

静的ストレッチも動的ストレッチも両方必要

練習の前は、軽く身体を動かしてからストレッチしたほうが多少身体も温まっているので効果的といわれている。特に朝練習の前などは、まず寝ていた身体を起こさなければならない。さらに上巻でも解説している通り、柔軟性を高めるために静的ストレッチは有効だが、身体を動かす準備としては動的ストレッチも効果が高い。ウォーミングアップでは、できれば両方やるほうが望ましい。

ここでは静的・動的ストレッチを交えつつ、動きながらストレッチを行い、身体を起こしていく体操のメニューの例を紹介する。

①広背筋ペアストレッチ

ペアの人と向き合い、片手をつないで引っ張り合う。腰を後ろに引くことで、背中の広背筋が全体的に伸ばされる。いきなり勢いよく引っ張りすぎると筋肉を痛めるので、ゆっくり引こう。

②胸郭ペアストレッチ

　2人で反対側を向いて立ち、両手を組んで引っ張り合う。図のように真横に引き合うことになり、胸郭の肋骨が開いて、肋骨の間にある肋間筋がストレッチされる。猫背になると先ほどの広背筋ストレッチと同じになってしまうので注意。

③ハムストリングス～広背筋ペアストレッチ

　パートナーが片脚を持ち、反対側の手を引っ張って上半身を前に倒す。ハムストリングスから大殿筋、そして腰から広背筋へとアウターユニット後斜系が全体的にストレッチされる。

入水前の体操メニュー

水泳に必要な可動域を確保し、筋肉を動かす準備をする

④肩回し

右と左の腕を逆に回そう。肩甲骨から大きく回すと、上半身が少しねじれる。逆に上半身がねじれない時は、肩甲骨がしっかり動いていない。

スタート

⑤腕脚スイング（対角）

　腕と脚とを対角線上でスイングする。肩と股関節を動かすだけでなく、体幹から反り、曲げるようにすることで、ムチがしなるような動きになる。

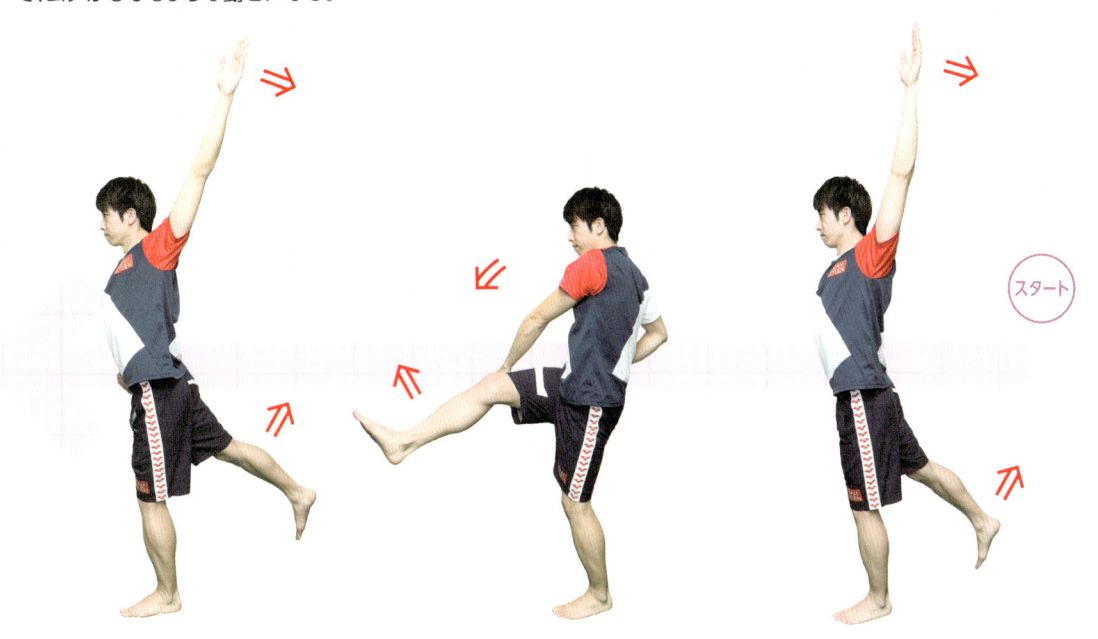

⑥膝抱えウォーク

　膝を抱えて股関節をストレッチしながら、ゆっくり歩こう。抱えた側はしっかり曲げて殿筋群をストレッチ、抱えていない側は股関節と膝をしっかり伸ばすことで股関節の前側がストレッチされる。

第5章　全身トレーニング（腕・脚と体幹の連動）

入水前の体操メニュー
水泳に必要な可動域を確保し、筋肉を動かす準備をする

⑦ Qストレッチウォーク

今度はゆっくり歩きながら、足を後ろで持って大腿四頭筋をストレッチする。腰を反らず、股関節をしっかり伸ばそう。

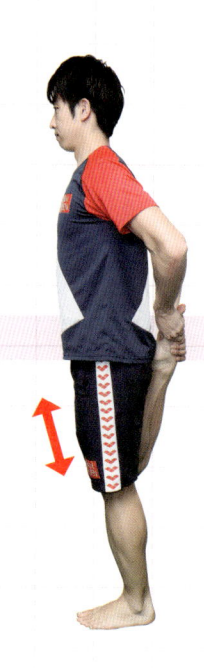
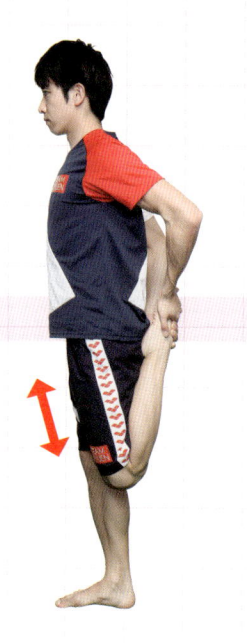

スタート

⑧ 股割りサイドウォーク

ワイドスクワットの要領で腰を落とす。相撲でいうところの股割り姿勢だ。しっかり股関節をストレッチしたら、片脚を軸に回転して反対を向く。これを繰り返し、股割りしながら横に進んでいこう。

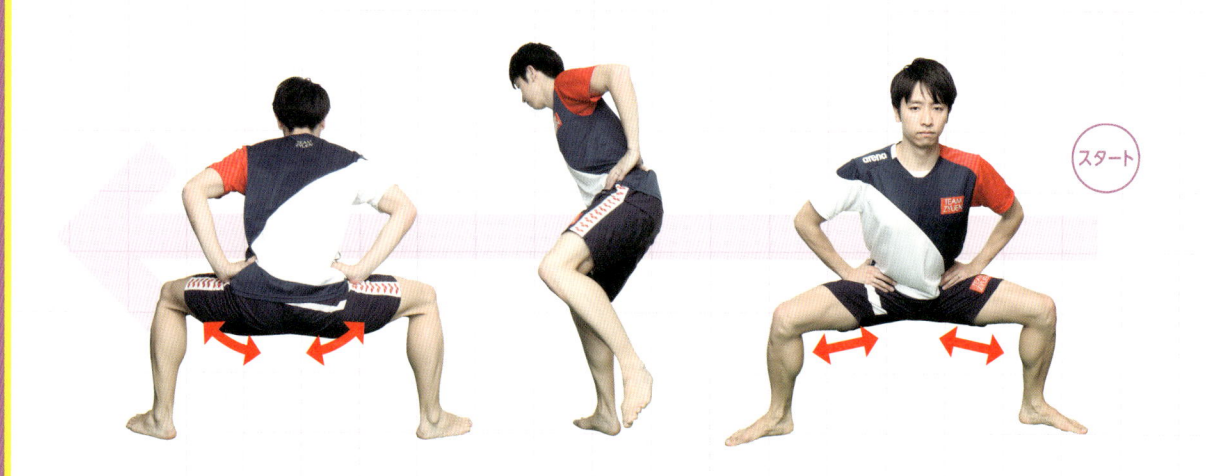

スタート

⑨片脚バランスウォーク

片脚デッドリフトと同じ要領だが、サッカーなどではこのように腕を横に開いてバランスをとるやり方もある。肩甲骨を寄せ、大殿筋を使ってバランスをとる。片脚ずつバランスをとりながら前に進んでいこう。

⑩フルアークウォーク

フルアークストレッチの要領でストレッチしながら前に進んでいこう。ゆっくり左右のストレッチを繰り返し、大股で前に進む。

第5章　全身トレーニング（腕・脚と体幹の連動）

141

入水前の体操メニュー
水泳に必要な可動域を確保し、筋肉を動かす準備をする

⑪ランジツイストウォーク

頭の後ろで手を組んで、ランジツイストしながら前に進んでいく。ねじるのは胸郭で、腰をねじったり下半身がグラついたりしないよう注意する。

スタート

アドバイス

練習前、特に朝練の前などは、身体を動かしながらストレッチやトレーニング効果を狙ってアップを行うことが効果的だと考えられる。本項で紹介したメニューのようにマットを使う必要がないものを選択して実施すれば、場所にとらわれず行うことも可能だ。プールサイドで行う場合などは、たとえば25mをゆっくり歩きながらストレッチすることもできる。環境に合わせて、できることから始めよう。

⑫しゃくとり虫ウォーク

　最後は床に手と足を着いて、しゃくとり虫のように前に進んでいく。まず股関節をたたんだ状態から、少しずつ手を前に伸ばしていこう。ある程度身体が伸びたら、足を少しずつ前に進めていき、再び股関節を曲げた姿勢に戻る。腹筋を使い続けて前に進もう。

スタート

付録 目的別 トレーニングメニュー構成例

CASE1 ストリームラインを滑らかにしたい‼

順番	エクササイズ名／掲載ページ	回数／セット数	備考
1	広背筋のストレッチ → 基礎・上半身 編 34ページ	10秒 2セット	パートナーストレッチ
2	胸郭のストレッチ → 基礎・上半身 編 37ページ	10秒 2セット	
3	大腿四頭筋のストレッチ【応用編】 → 基礎・上半身 編 44ページ	10秒 2セット	ステップ4 横向き
4	胸郭回旋トレーニング②バランスボール → 基礎・上半身 編 92〜93ページ	10回 2セット	
5	胸椎伸展トレーニング② → 基礎・上半身 編 84〜85ページ	10回 2セット	基本姿勢①〜②
6	シーテッド・グッドモーニング → 基礎・上半身 編 100〜101ページ	5回 2セット	股関節を動かして前に倒す
7	腹圧＋片脚スイング → 基礎・上半身 編 110ページ	10回 2セット	①腹圧を入れて脚を上下させる
8	大殿筋トレーニング② → 下半身・応用 編 28ページ	10回 2セット	基本動作②
9	バックブリッジ①両脚 → 下半身・応用 編 31ページ	10回 2セット	両脚バックブリッジ②
10	フロントブリッジ②脚上げ → 基礎・上半身 編 127ページ	10回 1セット	「肘ー膝」支持
11	フロントブリッジ③腕上げ → 基礎・上半身 編 129ページ	10回 2セット	「肘ー膝」支持
12	オーバーヘッドスクワット → 下半身・応用 編 80〜81ページ	10回 1セット	
13	オーバーヘッドスクワット(サスペンション) → 下半身・応用 編 82〜83ページ	10回 1セット	
14	背筋のトレーニング②バランスボール → 基礎・上半身 編 88〜89ページ	10回 1セット	基本姿勢①〜②
15	フルアークストレッチ → 基礎・上半身 編 54ページ	10秒 2セット	

CASE2 キャッチで水をしっかりつかみたい!!

順番	エクササイズ名／掲載ページ	回数／セット数	備考
1	広背筋のストレッチ ➡ 基礎・上半身 編 34ページ	10秒 2セット	パートナーストレッチ
2	胸郭のストレッチ ➡ 基礎・上半身 編 37ページ	10秒 2セット	
3	スリーパーストレッチ ➡ 基礎・上半身 編 40ページ	10秒 2セット	
4	胸椎伸展トレーニング② ➡ 基礎・上半身 編 84～85ページ	10回 2セット	基本姿勢①～②
5	横向き体幹アーチ ➡ 基礎・上半身 編 102ページ	10回 2セット	
6	肘立てサイドシットアップ ➡ 基礎・上半身 編 114ページ	10回 2セット	基本姿勢①～②
7	フロントブリッジ③腕上げ ➡ 基礎・上半身 編 129ページ	10回 2セット	「肘一膝」支持
8	ラットプルダウン or 懸垂 ➡ 基礎・上半身 編 97 or 98ページ	良い姿勢で可能回数～10回 2セット	チューブを使ったラットプルダウン or 懸垂基本動作
9	キャッチポジションでのスタビトレーニング①前後スライド ➡ 下半身・応用 編 125ページ	5～10回 2セット	③サスペンショントレーニング
10	プッシュアップ ➡ 基礎・上半身 編 134～135ページ	5～10回 2セット	可能なバージョンで
11	サイドアーク①膝立ち ➡ 下半身・応用 編 108ページ	10回 2セット	基本動作
12	膝立ちプルオーバー ➡ 基礎・上半身 編 143ページ	5～10回 2セット	基本動作
13	キャッチポジションでのスタビトレーニング②サスペンションプル ➡ 基礎・上半身 編 148～149ページ	良い姿勢で可能回数～10回 1セット	
14	ほふく前進 ➡ 下半身・応用 編 133ページ	10～20歩 1～2往復	②肘を交互に出して前進
15	しゃくとり虫 ➡ 下半身・応用 編 128～129ページ	良い姿勢で可能回数～10回 1セット	可能なバージョンで

CASE3 ブレストキックをしっかり打ち込みたい!!

順番	エクササイズ名／掲載ページ	回数／セット数	備考
1	殿筋群のストレッチ → 基礎・上半身 編 50ページ	10秒 2セット	①脚を前後に開いて上半身を前に倒す
2	内転筋ストレッチ → 下半身・応用 編 74ページ	10秒 2セット	基本動作
3	腹圧＋片脚スイング → 基礎・上半身 編 111ページ	10回 2セット	②腹圧を入れて開脚
4	横向き両脚上げ (マーメイドエクササイズ) → 基礎・上半身 編 112ページ	10回 2セット	基本動作
5	大殿筋トレーニング② → 下半身・応用 編 28ページ	10回 2セット	基本動作②
6	バックブリッジ②片脚 → 下半身・応用 編 32ページ	10回 2セット	レベル1 基本動作
7	バックブリッジ②片脚 → 下半身・応用 編 33ページ	10回 2セット	レベル3 片脚スイング内外方向
8	サイドブリッジ (内側) → 下半身・応用 編 36〜37ページ	10回 2セット	
9	ワイドスクワット → 下半身・応用 編 73ページ	10回 1セット	基本姿勢 (棒なし)
10	ワイドスクワット&ツイスト → 下半身・応用 編 77ページ	10回 1セット	③棒なしバージョン
11	サイドステップ → 下半身・応用 編 91ページ	10歩 2往復	②応用編◎オーバーヘッドポジション
12	四股踏み → 下半身・応用 編 123ページ	10回 1セット	応用編②両手を頭にあてる
13	オーバーヘッドスクワット → 下半身・応用 編 81ページ	10回 1セット	②応用編チューブとボールで負荷をかける
14	壁プッシュ → 下半身・応用 編 94ページ	10〜20秒 1セット	基本姿勢
15	前転→ストリームラインジャンプ → 下半身・応用 編 98ページ	良い姿勢で可能回数〜10回 1セット	②ストリームラインをとってジャンプ

CASE4 スタートを改善したい‼

順番	エクササイズ名／掲載ページ	回数／セット数	備考
1	広背筋のストレッチ ➡ 基礎・上半身 編 35ページ	10秒 2セット	セルフストレッチ
2	殿筋群と広背筋のストレッチ ➡ 基礎・上半身 編 52ページ	10秒 2セット	
3	脚の裏側のストレッチ ➡ 基礎・上半身 編 46ページ	10秒 2セット	
4	大殿筋トレーニング② ➡ 下半身・応用 編 28ページ	10回 2セット	基本動作②骨盤を丸める
5	バックブリッジ②片脚 ➡ 下半身・応用 編 32ページ	10回 2セット	レベル1 基本動作
6	フロントブリッジ②脚上げ ➡ 基礎・上半身 編 127ページ	10回 2セット	「肘一膝」支持
7	フロントブリッジ③腕上げ ➡ 基礎・上半身 編 129ページ	10回 2セット	「肘一膝」支持
8	ローラー腹筋 ➡ 基礎・上半身 編 145ページ	良い姿勢で可能回数〜 10回 2セット	基本動作
9	片脚デッドリフト ➡ 下半身・応用 編 93ページ	良い姿勢で可能回数〜 10回 2セット	応用姿勢1 or 2
10	スプリットスクワット ➡ 下半身・応用 編 84〜85ページ	10回 1セット	
11	レッグランジ ➡ 下半身・応用 編 86〜87ページ	10回 1セット	
12	オーバーヘッドスクワット ➡ 下半身・応用 編 80ページ	10回 1セット	①基本動作
13	壁プッシュ ➡ 下半身・応用 編 94ページ	10〜20秒 1セット	基本姿勢
14	バランスボールプッシュ ➡ 下半身・応用 編 97ページ	10歩 1往復	②そのまま前に進む
15	雑巾ダッシュ ➡ 下半身・応用 編 100ページ	10〜20歩 2往復	基本動作

CASE5 ターン動作を速く!!

順番	エクササイズ名／掲載ページ	回数／セット数	備考
1	広背筋のストレッチ ➡ 基礎・上半身 編 35ページ	10秒 2セット	セルフストレッチ
2	胸郭のストレッチ ➡ 基礎・上半身 編 37ページ	10秒 2セット	
3	胸郭回旋トレーニング②バランスボール 基礎・上半身 編 92〜93ページ	10回 2セット	
4	殿筋群と広背筋のストレッチ ➡ 基礎・上半身 編 52ページ	10秒 2セット	
5	壁クランチ ➡ 基礎・上半身 編 120〜121ページ	10回 2セット	基本動作①〜②
6	ダンゴ虫エクササイズ ➡ 下半身・応用 編 41ページ	可能回数〜10回 2セット	②パートナーが動かす
7	胸郭リフト ➡ 基礎・上半身 編 137ページ	10回 1セット	応用編 ツイスト
8	骨盤リフト ➡ 基礎・上半身 編 139ページ	10回 1セット	応用編 ツイスト
9	キャタピラ ➡ 下半身・応用 編 118〜119ページ	10回 2往復	
10	ローリング ➡ 下半身・応用 編 120〜121ページ	5往復（10回タッチ）2セット	
11	オーバーヘッドスクワット ➡ 下半身・応用 編 80ページ	10回 1セット	①基本動作
12	壁プッシュ ➡ 下半身・応用 編 94ページ	10〜20秒 1セット	基本姿勢
13	バランスボールプッシュ ➡ 下半身・応用 編 97ページ	10歩 1往復	②そのまま前に進む
14	雑巾ダッシュ ➡ 下半身・応用 編 100ページ	10〜20歩 2往復	基本動作
15	前転→ストリームラインジャンプ ➡ 下半身・応用 編 98〜99ページ	良い姿勢で可能回数〜10回 1セット	

CASE6 ボディーポジションを高くしたい!!

順番	エクササイズ名／掲載ページ	回数／セット数	備考
1	広背筋のストレッチ → 基礎・上半身 編 34ページ	10秒 2セット	パートナーストレッチ
2	胸郭のストレッチ → 基礎・上半身 編 37ページ	10秒 2セット	
3	胸椎伸展トレーニング② → 基礎・上半身 編 84〜85ページ	10回 2セット	基本姿勢①〜②
4	横向き両脚上げ → 基礎・上半身 編 112ページ	10回 2セット	基本動作
5	リバースシットアップ → 基礎・上半身 編 118〜119ページ	5〜10回 2セット	基本動作①〜②
6	骨盤リフト → 基礎・上半身 編 138ページ	10回 1セット	基本動作 ストレート
7	オーバーヘッドシットアップ → 基礎・上半身 編 116ページ	10回 1セット	基本動作①
8	大殿筋トレーニング② → 下半身・応用 編 28ページ	10回 2セット	基本動作②
9	フロントブリッジ③腕上げ → 基礎・上半身 編 129ページ	10回 2セット	「肘ー膝」支持
10	フロントブリッジ(肘-足背) → 下半身・応用 編 38〜39ページ	左右交互 10回 1セット	②脚を浮かせる
11	V字腹筋 → 下半身・応用 編 114ページ	10回タッチ	基本動作
12	サイドアーク②立位 → 下半身・応用 編 110ページ	10回 1セット	基本動作
13	キャッチポジションでのスタビトレーニング①前後スライド → 下半身・応用 編 124ページ	5〜10回 1セット	ストレッチポール
14	キャッチポジションでのスタビトレーニング②立位前後 → 下半身・応用 編 126ページ	5〜10回 1セット	
15	背筋のトレーニング②バランスボール → 基礎・上半身 編 88〜89ページ	10回 1セット	基本姿勢①〜②

おわりに

　私は 2006 年から国立スポーツ科学センターのリハビリテーション室で働く機会を得て、同時に水泳選手のリハビリテーションやコンディショニングに携わることになった。そして、水泳業界の人たちが「当たり前だ」と思っていることに対していちいち疑問を持ち、それを調べ、確認し、医学系のみならずさまざまな方々からいろいろな知識をいただき、またたくさんの選手と話し議論しながら、水泳についての知識を深めさせてもらった。

　その結果、業界では「小泉メソッド」とも呼んでいただいているコンディショニングの体系を築くことができた。水泳トレーナーとして携わるきっかけをいただいた加藤知生氏と桑井太陽氏をはじめとした日本水泳トレーナー会議の方々、そして常にご助言いただいている金岡恒治氏、半谷美夏氏をはじめとした日本水泳ドクター会議の先生方に、この場を借りて御礼申し上げる。

　窪康之氏、岩原文彦氏、足立哲氏といった科学スタッフの方々には、私の稚拙な疑問に粘り強くおつき合いいただき、力学的知見の基礎をご教示いただいた。また、平井伯昌コーチには、さまざまな選手のコンディショニングについてヒントをいただき、かついろいろな意見を取り入れていただいた。コーチの理解なくして、我々トレーナーの技術や能力は十分に発揮できない。青木和子コーチや原田良勝コーチなど、私のような門外漢の意見にも興味を持って取り上げていただいた多くのコーチ・スタッフの方々、そしてセルフコンディショニングの啓発に多大な理解をいただいている上野広治氏と村松さやか氏にも、心より感謝申し上げる。

　また今回の書籍の企画にあたりご尽力いただいた桜間晶子氏、牧野豊氏、度重なる変更にご苦労いただいた冨久田秀夫氏、直江光信氏、間野成氏、何より

10 年にわたりモデルを務めてくれている大塚一輝氏に、あらためて深謝したい。

　最後に、本書を手にした若手理学療法士や若手トレーナーの皆さんに向けて、一言申し上げたい。

　最近ではジュニアの大会までトレーナーが帯同する姿を目にする。この状況について、同業の方々を否定するつもりはないが、少々賛同し難い思いがある。優秀な選手は優秀なトレーナーを育てる可能性がある。しかし優秀なトレーナーは、優秀な選手をダメにする可能性がある。だからこそ、あえてセルフコンディショニングの指導に努める、選手を育てる指導者としての能力があるトレーナーが求められると考えている。

　では何故、セルフコンディショニングが重要なのか。それは、選手の成長には成功体験の積み重ねが必要だからだ。日々の練習や試合の中で小さな成功を積み上げていく。この体験が大事な場面での勝負強さを培い、人生における決断力を育む。そのためには、選手自身が考え、行動することが重要であり、我々にはその姿を見守るというスタンスが求められる。

　能ある鷹は爪を隠す。治療技術は、いざという時に使うものだ。その技術を使わなくてよい状況をつくるのが、本当に能力の高いトレーナーといえるのではないだろうか。

　本書が皆さんの健康と豊かなスポーツライフ、そして日本の国際競技力向上の一助になれば幸いです。

2019 年 9 月　小泉圭介

著者紹介

● 講師

小泉 圭介

こいずみ・けいすけ／1971年1月28日生まれ、福井県出身。北陸高→明治学院大→東京衛生学園。早稲田大大学院スポーツ科学研究科修士課程修了。現職は㈱パフォームベタージャパン テクニカルディレクター、東京スポーツレクリエーション専門学校専任教員、日本身体障がい者水泳連盟専任トレーナー。2020年より東都大学幕張ヒューマンケア学部理学療法学科講師着任予定。競技経験は大学から社会人までアメリカンフットボール。水泳には2006年水球ワールドリーグを皮切りに、2009年、2011年世界選手権に携わり、2012年ロンドン五輪、2013年、2015年世界選手権にも帯同トレーナーとして参加。水泳選手を中心に多くのトップアスリートの指導にあたっている。日本スポーツ協会公認アスレティックトレーナー、理学療法士、日本障がい者スポーツ協会公認障がい者スポーツトレーナー、日本水泳トレーナー会議運営委員、日本水泳連盟医事委員。

● 実演

大塚 一輝

おおつか・かずき／1988年10月28日生まれ、群馬県出身。前橋育英高→法政大。現役時代の専門種目は平泳ぎ。2011年ユニバーシアード大会200m平泳ぎ銅メダリストであるほか、ジュニア時代からこの年代のトップ選手として長きに渡り活躍した。2016年のリオ五輪代表選考会終了後に現役を引退。現在、株式会社スポーツ寿苑勤務。チームジュエン所属で現役を引退後、東京・上野にある総合スポーツショップ『スポーツジュエン』にて、水泳用品担当として勤務している。

構成／直江 光信
デザイン／間野 成
イラスト／田中 祐子
写真／馬場 高志

水泳選手のための コンディショニング トレーニング 下半身・応用 編

2019年9月20日　第1版第1刷発行
2023年1月31日　第1版第2刷発行

著　者　　小泉 圭介
発行人　　池田哲雄
発行所　　株式会社ベースボール・マガジン社
　　　　　〒103-8482　東京都中央区日本橋浜町2-61-9
　　　　　　　　　　　TIE浜町ビル
　　　　　電話　03-5643-3930（販売部）
　　　　　　　　03-5643-3885（出版部）
　　　　　振替口座 00180-6-46620
　　　　　https://www.bbm-japan.com/

印刷・製本　共同印刷株式会社

©Keisuke Koizumi 2019
Printed in Japan
ISBN 978-4-583-11187-2 C2075